AF242474

SITUATION.

RECONSTITUTION DE L'EUROPE

ET

NOUVELLE ORGANISATION

SOCIALE ET POLITIQUE,

OU

NOUVEAU SYSTÈME

GOUVERNEMENTAL, FINANCIER, ADMINISTRATIF ET JUDICIAIRE.

SOUMIS

AU PEUPLE FRANÇAIS,

PAR

DUMONT DE LA FONTAINE.

Ceux qui demandent l'introduction en France du système américain, ou le rétablissement du pouvoir absolu ou constitutionnel, sont des plagiaires inconséquents ou des aveugles. Ces formes surannées et irrationnelles ont fait leur temps et ne conviennent pas au Peuple français.

SIMPLICITÉ, VÉRITÉ.

Edition populaire spéciale à prix de revient.

60 centimes.

Paris,

AU BUREAU SPÉCIAL DE PUBLICATION DES BROCHURES, LIVRAISONS ET JOURNAUX.

PLACE DE LA BOURSE, 5.

1849

SITUATION.

—

RECONSTITUTION DE L'EUROPE

ET

NOUVELLE ORGANISATION SOCIALE ET POLITIQUE,

OU

NOUVEAU SYSTÈME

GOUVERNEMENTAL, FINANCIER, ADMINISTRATIF ET JUDICIAIRE.

ADRESSÉ

À M. LE PRÉSIDENT DE LA RÉPUBLIQUE,

PAR

D. DE LA F.

> Ceux qui demandent l'introduction en France du système américain, ou le rétablissement du pouvoir absolu ou constitutionnel, sont des plagiaires inconséquents ou des aveugles. Ces formes surannées et irrationnelles ont fait leur temps et ne conviennent pas au Peuple français.
>
> —
>
> **SIMPLICITÉ, VÉRITÉ.**

Paris,

IMPRIMERIE DE GUIRAUDET ET JOUAUST,
RUE SAINT-HONORÉ 315.

—

1849

Paris, 14 novembre 1849.

Monsieur le Président,

« *Noblesse oblige* », dit un vieux proverbe. Le nom que vous portez et la mission qui vous a été confiée vous imposent de grands devoirs, car nul autre nom ne fut jamais plus grand, et nulle mission plus élevée et plus importante.

Vos écrits, votre dernier manifeste, vos discours, et surtout celui adressé aux exposants, au Palais-de-Justice, témoignent de vos dispositions à entrer dans la voie du sage progrès, c'est-à-dire à réaliser les réformes et les améliorations possibles et justes.

Nulle autre voie, d'ailleurs, ne peut conduire au but que désirent tous les honnêtes gens : l'ordre sans compression, la liberté sans licence, l'affermissement de la société, le travail honoré, la propriété respectée, le bien-être, l'instruction et la moralité répandus dans tous les rangs.

Il est du devoir de tout bon citoyen, de tout homme de cœur, de vous seconder, selon ses facultés, dans l'œuvre difficile que vous avez entreprise : je viens donc soumettre à vos lumières, à votre sagesse et à votre patriotisme, un *aperçu de la situation intérieure et extérieure, quelques vues sur la nécessité de reconstituer l'Europe, et un essai de nouvelle organisation sociale et politique, ou nouveau système gouvernemental, financier, administratif et judiciaire,* fruit de sérieuses méditations.

La situation de l'Europe et de la France ne fut peut-être jamais plus grave. Non seulement deux systèmes politiques se trouvent aujourd'hui en présence et se disputent l'avenir; mais encore les questions sociales et économiques les plus ardues et les plus délicates réclament impérieusement une prompte satisfaction.

D'une part, la Monarchie et l'absolutisme en face de la Démocratie et de la liberté; l'intérêt des Peuples aux prises avec l'intérêt des Rois.

Et, d'une autre part, la misère des uns, qui a atteint ses dernières limites, menaçant l'opulence des autres; le travail, agent essentiel de la production, injustement rémunéré, réclamant sa part légitime des richesses qu'il concourt à produire.

Il est évident pour tout esprit tant soit peu clairvoyant que l'humanité touche à un de ces cataclysmes qui bouleversent les sociétés et changent la face du monde. — La prédiction de Napoléon le Grand est sur le point de s'accomplir : Avant peu l'Europe sera républicaine ou cosaque. — Avant peu aussi la richesse et la pauvreté, le socialisme et l'économie politique, le capital et le travail, la justice et la violence, le droit et la force brutale, la licence et la liberté, se livreront un combat à outrance. Le progrès, cette condition vitale des sociétés humaines, trop long-temps comprimé, au lieu d'avoir été sagement aidé et conduit, s'insurge, et par une course rapide et désordonnée, par des bonds convulsifs, au lieu de marcher d'un pas ferme et réglé sans être moins prompt, il veut rattraper le temps perdu et s'égare.

Depuis les révolutions de 89, de 1830 et de 1848, deux principes contraires, et dès lors hostiles, sont en présence, soit entre les diverses nations de l'Europe, soit dans la plupart d'entre elles.

Il suit nécessairement de là que :

D'un côté, les alliances entre les diverses nations, dépouillées de sympathies et n'ayant pour unique base que des intérêts qui varient et se déplacent sans cesse par la force des choses ou la volonté des hommes, ne peuvent être ni sincères, ni durables : d'où résulte forcément un perpétuel *statu quo*, un état précaire et de défiance réciproque obligeant chaque nation à entretenir une armée nombreuse et à dépenser ainsi inutilement la meilleure partie de ses forces et de ses ressources : les jeunes hommes et l'argent, au lieu de les employer à des travaux capables d'augmenter la prospérité du pays et le bien-être de ses habitants.

Et, d'un autre côté, chaque nation renferme dans son sein des éléments hétérogènes qui en détruisent l'harmonie, des causes permanentes de discorde et de dissensions nécessitant une surveillance et des répressions continuelles qui irritent les esprits et accumulent les représailles, en même temps qu'elles absorbent tout le temps des gouvernants et les empêchent de se livrer à l'administration des intérêts réels et véritables du pays, d'où dépendent la prospérité publique et le bien-être du peuple.

Cette situation ne saurait durer plus long-temps. Il faut absolument que la question pendante entre les nations européennes, entre les peuples et les rois, entre le capital et le travail, soit vidée : la paix du monde est à ce prix.

Vainement les hommes à courte vue, les partisans systématiques du *statu quo* et ceux qui sont intéressés à dissimuler la situation, objecteraient que la guerre est impossible dans l'état où se trouvent les finances et la fermentation des esprits des différentes nations qui auraient le désir de la faire : il est des nécessités auxquelles on ne résiste pas long-temps, et, dans les cas extrêmes, les nations les plus obérées trouvent toujours des ressources, ne fût-ce qu'en exaltant le patriotisme. Qui donc, en France, aurait la mémoire assez ingrate pour avoir oublié que lors de la révolution de 89, le trésor étant vide, nos soldats ont vaincu l'Europe sans souliers et sans pain ?

Les partis s'observent et se préparent au combat. Sous un prétexte quelconque et d'une manière apparente ou déguisée, les nations, surtout celles hostiles à la liberté, augmentent leurs forces militantes et accumulent leurs moyens d'action. Mais, en raison même de l'importance et de la solennité, si on peut dire ainsi, de la grande lutte humanitaire qui se prépare, chaque parti hésite instinctivement à commencer l'attaque et attend une occasion favorable de surprendre son adversaire et de fondre sur lui.

De même, à l'intérieur, on peut momentanément, par la force, comprimer les élans populaires; mais cette compression ne saurait durer toujours, et si considérable que soit cette force, il arrive un moment où elle devient impuissante; l'explosion est alors d'autant plus terrible et plus désastreuse que la compression a été plus longue et plus absolue : 89, 1830 et 1848 le prouvent sans réplique.

Il est donc évident, Monsieur le Président, que pour être en paix, soit à l'intérieur, soit à l'extérieur, un changement de situation et une conciliation de principes et d'intérêts sont indispensables.

Ici, l'homme qui, doué d'une certaine faculté d'observer et de prévoir, se recueille et regarde marcher l'humanité, est obligé d'imposer silence à la philosophie et de s'incliner humblement devant la Providence, qui se manifeste à lui en lui montrant l'avenir, où conduisent deux chemins différents. L'un de ces chemins, court et semé de fleurs, laisse voir l'humanité couronnée se reposant avec délices au milieu de ses enfants libres et heureux. L'autre chemin, rempli de ruines, de sang et de cadavres, est si long, si long, qu'on en distingue à peine l'extrémité. On y voit des hommes repus, mais enchaînés et abrutis, suivant machinalement l'humanité attristée qui les entraîne péniblement!

Des trônes peuvent s'écrouler et des empires disparaître, des nations peuvent être ensevelies sous leurs ruines et des sociétés bouleversées, mais l'humanité ne périt pas. Sa marche peut être entravée et semée d'obstacles, ses destinées peuvent être retardées, mais elles doivent fatalement s'accomplir un jour. La fraternité humaine, l'unité universelle, l'affranchissement, l'union et le bonheur des peuples : voilà le but final de l'humanité, but vers lequel, — à l'insu du plus grand nombre qui se contente de vivre sans réfléchir et se laisse conduire sans observer, et malgré les résistances intéressées de quelques uns, — le monde avance d'autant plus rapidement que les grandes voies de communication, en se multipliant, rapprochent les distances, facilitent les relations et permettent aux hommes que l'éloignement et des excitations intéressées rendaient ennemis de se voir, de se connaître et de s'aimer.

Or, ce but, Monsieur le Président, peut être prochain, ou éloigné; il peut être atteint pacifiquement, ou après des malheurs sans nombre, selon le dénouement de la situation actuelle, soit à l'intérieur, soit à l'extérieur.

Si les pouvoirs absolus se liguent entre eux et triomphent de la démocratie, il est évident que ce triomphe coûtera beaucoup de sang et de sacrifices de tous genres, et que les vainc.us auront à expier, durant de longues années, la résistance opiniâtre qu'ils ne manqueront pas d'opposer aux prétentions de leurs ennemis. Mais la démocratie est comme une tache d'huile : elle s'étend toujours de plus en plus, et son tour finira par arriver. La lutte se reproduira donc un peu plus tard.

Voilà ce qui est probable, d'après les données et les moyens ordinaires.

Il peut arriver, cependant, que la démocratie triomphe. Dans ce cas, pour être différent, le résultat principal n'en aura pas moins coûté beaucoup de sang et beaucoup de pertes, et laissera également derrière lui, pendant long-temps, des haines et des vengeances.

Il faut donc trouver une combinaison qui permette de dénouer pacifiquement la situation et de concilier les principes et les intérêts respectifs de manière à satisfaire tout le monde.

C'est cette combinaison, Monsieur le Président, que je me suis attaché à chercher et que je désire soumettre à votre appréciation éclairée.

Quant à l'extérieur, je crois avoir démontré que la constitution actuelle de l'Europe, par suite des principes contraires qu'elle renferme, exige absolument un remaniment profond et une reconstitution sur de nouvelles bases.

Comment, dans quel sens et par qui ce remaniment devrait-il s'effectuer ? Vous comprendrez sans peine, Monsieur le Président, que la plus grande réserve m'est, à cet égard, commandée par la nature même des choses, alors surtout qu'il m'est permis de craindre que cette lettre ne vous parvienne pas. La solution désirée pourrait être compromise en la divulguant.

Je prendrai seulement la liberté de dire que c'est à la France, cette terre prédestinée que la Providence a, pour ainsi dire, investie de la sublime mission de diriger la marche de l'humanité, et, par conséquent, à vous, Monsieur le Président, qui êtes à la tête de son gouvernement, qu'incombent le droit et le devoir de prendre l'initiative d'un acte humanitaire aussi important et aussi solennel. L'ombre de votre oncle, le grand Empereur, en tressaillerait de joie, car vous accompliriez ainsi son dessein le plus grand et son vœu le plus cher ; et vous acquerriez vous-même, Monsieur le Président, une gloire immortelle supérieure à la sienne !

A l'égard de la question intérieure, Monsieur le Président, j'aurai l'honneur de vous soumettre, dans une prochaine lettre, un essai de *nouvelle organisation sociale et politique, ou nouveau système gouvernemental, financier, administratif et judiciaire.*

Je suis, avec le plus profond respect,

Monsieur le Président,

Votre très humble et très obéissant serviteur,

D. DE LA F.

Paris, 25 novembre 1849.

MONSIEUR LE PRÉSIDENT,

Dans ma première lettre, en date du 14 de ce mois, j'ai cherché à exposer, brièvement et avec fidélité, la situation de la France et de l'Europe au double point de vue social et politique, et j'ai déduit de cette situation — alarmante, et pourtant providentielle à cause du parti avantageux qu'on en peut tirer,—l'absolue nécessité de reconstituer l'Europe et d'adopter un système nouveau, capable de faire cesser les misères et les luttes qui nous affligent, en conciliant les principes et les intérêts dont l'antagonisme cause et entretient ces luttes et ces misères.

Cette seconde lettre sera consacrée à l'exposé succinct, sous forme de charte ou programme, des principes sociaux et politiques, gouvernementaux, financiers, administratifs et judiciaires, dont je crois l'adoption nécessaire et possible, ainsi que j'essaierai de le démontrer.

CHAPITRE Ier.

BASE SOCIALE ET POLITIQUE. — DU POUVOIR.

ARTICLE 1er. Le Peuple français adopte pour base de son organisation sociale et politique :

La *Propriété*, le *Mariage* et la *Famille*.

La *Liberté* selon le droit, l'*Egalité* devant la loi, la *Fraternité* dans la hiérarchie.

ART. 2. La *Souveraineté nationale*, étant de droit naturel et absolu, est indélébile, imprescriptible, inaliénable, incessante, et peut toujours être exercée par le Peuple, à sa volonté et en tout état de choses.

ART. 3. La manifestation de la volonté nationale doit être libre et pacifique, et se produire par voie d'élection, dans toute l'étendue de la France.

Toute manifestation violente est une négation du Droit, un oubli du Devoir, une atteinte criminelle portée au principe de liberté, d'égalité et de fraternité, que doit toujours religieusement respecter et observer un Peuple libre, civilisé et humain comme le Peuple français.

La violence annule, de plein droit, la manifestation ainsi produite, et les auteurs sont punissables selon les circonstances et les actes commis : chaque Citoyen, membre et partie intégrante du Corps souverain, pouvant toujours librement exprimer ses idées et ses vœux.

ART. 4. Les *Elections* ont lieu directement à la mairie de chaque commune.

On peut voter hors de sa commune. La carte d'électeur est remise au moment du vote et conservée pour vérification. Le citoyen convaincu de double vote perd, de plein droit, pendant deux ans, la faculté de voter.

Le vote doit être libre comme le citoyen qui l'émet. Toute influence particulière, directe ou indirecte, fait perdre à celui qui l'exerce et à celui qui s'y soumet le droit de voter pendant deux ans.

Les élections s'ouvrent et se ferment en même temps dans toutes les communes de France, ou dans celles d'un ou de plusieurs départements, selon qu'il y a lieu. Elles durent trois jours. Le dépouillement a lieu le quatrième jour, en séance publique, par le maire ou un adjoint assisté de trois conseillers municipaux. Il est dressé, séance tenante, un procès-verbal que signent le maire, les conseillers municipaux et trois des citoyens présents au dépouillement. Ce procès-verbal est immédiatement transmis au préfet du département, qui le rend aussitôt public et le transmet au Gouvernement.

Art. 5. Le Peuple français délègue le *Gouvernement* de l'État, à titre de mandat, à un *Chef suprême* responsable, assisté d'un *Conseil national* composé d'un délégué par département.

Art. 6. Le Chef du gouvernement et les Conseillers nationaux sont élus par le Peuple, à la majorité des deux tiers des voix, et révocables à volonté.

Le Chef du gouvernement est élu à vie.

Le Conseil national se renouvelle par cinquième, chaque année, par la voie du sort pour les quatre premiers cinquièmes, et ensuite par rang d'ancienneté. Les membres sortants peuvent être réélus.

Art. 7. La révocation du Chef du gouvernement peut être provoquée, en expliquant les motifs, et à la majorité des deux tiers des voix, par le Conseil national, qui convoque immédiatement la Nation.

La révocation d'un Conseiller peut être provoquée par au moins 500 électeurs de son département, sur demande motivée, remise au Préfet, qui convoque les électeurs en faisant connaître les motifs de l'élection.

Le chef révoqué qui résiste à la volonté nationale, librement et régulièrement exprimée, est traître à la Patrie et coupable du crime de lèse-nation. Il est, comme tel, punissable selon les lois, et perd, en outre, de plein droit, tous les avantages qu'il aurait précédemment reçus de la Nation.

Art. 8. Le Chef élu exerce pleinement et souverainement son mandat jusqu'à révocation ou remplacement, et choisit ses ministres, dont il détermine le nombre et les attributions (1).

Le nombre des ministres serait réduit à quatre; savoir :
Un premier ministre président, faisant fonctions de Vice-Chef du gouvernement;
Un ministre de l'intérieur ;

Art. 9. Les fonctions de ministre suspendent, de plein droit, l'exercice de celles de Conseiller.

Art. 10. Le Conseil national est entendu sur toutes les questions.

Il choisit son Président parmi ses membres.

Le Chef du gouvernement et ses Ministres peuvent assister et prendre part à ses délibérations, mais sans voix délibérative.

Art. 11. Tous les décrets sont rendus au nom du Peuple français, et portent cette formule :

AU NOM DU PEUPLE FRANÇAIS,

...., *Chef du gouvernement national de France,*
Le Conseil national entendu ,

Décrète :

Art. 12. Le Siége du gouvernement est fixé à Paris.

La résidence du Chef du gouvernement, les ministères, le Conseil national, et, en un mot, tout ce qui compose le gouvernement et l'administration générale du pays, est réuni dans un même local, appelé : PALAIS-NATIONAL DU GOUVERNEMENT.

Les Tuileries et le Louvre, — qui sera, à cet effet, immédiatement achevé, — sont affectés à cet objet.

CHAPITRE II.

ADMINISTRATION DES COMMUNES.

Art. 13. La France sera remaniée.

Les Arrondissements seront supprimés, et le nombre des Départements porté à 100.

Les circonscriptions communales, cantonnales et départementales, seront, autant que possible, égalisées proportionnellement à la population.

Art. 14. Les Départements et les Communes s'administreront eux-mêmes, quant à leurs intérêts locaux particuliers, sans nuire toutefois à ce que la centralisation et l'unité peuvent exercer d'heureuse influence sur l'administration générale du pays et l'administration particulière des localités, pour le plus grand avantage de tous et de chacun.

Un ministre de l'extérieur;
Un ministre des finances.
Un Directeur général serait placé à la tête de chaque branche spéciale : Agriculture,— Industrie,— Commerce,— Travaux publics,—Services publics,— Education publique,— Sûreté publique, etc., etc. Et, dans chaque branche, chaque division serait confiée à un directeur particulier. Exemple : pour les Services publics, il y aurait : le Directeur des Postes, le Directeur des Chemins de fer, le Directeur des Canaux, le Directeur des Assurances, etc., etc.

CHAPITRE III.

FINANCES (1).

Art. 15. La dette publique est consolidée. La rente est déclarée franche de tout impôt ou retenue quelconque, mais réduite d'un cinquième à partir du prochain semestre.

Art. 16. La rente actuelle 5 p. 100, qui devient 4 p. 100, est seule conservée. Toutes les autres (4 1|2, 4, 3 p. 100), ainsi que la dette flottante, sont supprimées et seront converties en rentes consolidées 4 p. 100.

Art. 17. La rente sera désormais payée par trimestres.

Art. 18. La dette publique sera remboursée au pair, d'après le taux réduit de 4 p. 100, au fur et à mesure des ressources disponibles du Trésor et par voie de tirage au sort.

Art. 19. A partir du 1ᵉʳ janvier 1850, tous jeux de Bourse généralement quelconques (déjà contraires à la loi) sont, de nouveau, formellement interdits, et seront rigoureusement punis selon les lois. Tout agent de change ou courtier convaincu de s'y être prêté sera, de plein droit, destitué. Il ne doit et ne pourra être fait que des ventes et achats de rentes, valeurs ou marchandises, sérieux et effectifs.

Art. 20. Les caisses d'épargnes sont supprimées et les dépôts seront immédiatement remis aux déposants, en rentes sur l'Etat, au pair, sur le pied de 4 p. 100.

Art. 21. A partir du 1ᵉʳ janvier 1850, sont supprimés en totalité : — L'impôt des patentes, — et les impôts et droits quelconques du Trésor sur toutes les substances et objets alimentaires et de première nécessité : grains, farines, boissons, bestiaux, sel, bois, charbon, etc.

Il sera pourvu ultérieurement et successivement à la réduction graduelle, puis à la suppression complète de tous autres impôts indirects et directs.

L'impôt personnel, remanié, sera seul maintenu, s'il y a lieu, sous le titre de : *Droit de sûreté publique.*

Art. 22. Le monopole des tabacs est aboli.

Art. 23. Les employés de tous genres et de tous grades dont les emplois se trouveront supprimés seront placés dans les nouveaux services, ou, à défaut, indemnisés.

Art. 24. Il est créé, et il sera immédiatement organisé :

1° Une *Caisse générale de la propriété foncière*, pour fournir des capitaux à la propriété immobilière, à des conditions ap-

(1) D'après le système qui suit, les revenus annuels de l'état, malgré la suppression d'impôts, dépasseront deux milliards. Les dépenses, nonobstant l'augmentation des soldes et traitements, ainsi que des rentes à servir par suite de rachats à opérer, atteindront à peine 1,200 millions. L'excédent pourra être employé à rembourser la dette publique et à exécuter de de grands travaux d'utilité publique, d'art et d'embellissement.

propriées à sa nature, à ses besoins et à ses ressources, et sans frais d'emprunt ni de libération (1).

2° Une *Caisse générale de l'agriculture, de l'industrie et du commerce*, destinée à aider ces trois branches de la richesse nationale mobilière par la commandite, l'escompte, etc.

3° Une *Assurance générale terrestre*, ayant pour objet et pour but d'assurer tous les biens, mobiliers et immobiliers, notamment les récoltes de toutes sortes, contre tous les cas fortuits, et de rendre ainsi les revenus fonciers à peu près fixes et certains. — Plus, une *Assurance générale sur la vie*.

4° Une *Caisse générale d'assistance publique*, destinée à faire des avances aux particuliers, notamment aux personnes momentanément sans emploi.

5° Des *Etablissements d'asile* pour les invalides et les vieillards.

Art. 25. La mendicité est formellement interdite.

Art. 26. A partir du 1er janvier 1850 :

1° Tous les grands services publics : postes, chemins de fer, canaux et autres voies communications et de transport, etc., ainsi que les assurances de toutes sortes, sont exclusivement réservés à l'État.

2° L'État se charge des recouvrements de fonds à domicile dans toute l'étendue de la France.

Art. 27. Il est créé une caisse, dite *Caisse nationale patriotique*, pour recevoir les dons et offrandes, libres et volontaires, que les citoyens voudraient faire à la Nation.

Art. 28. Il est créé des *bons nationaux* de 5, 10, 25, 50, 100, 200, 500, 1,000, 5,000 et 10,000 fr., ayant cours forcé dans toute l'étendue de la France, nonobstant toutes conventions particulières contraires.

Tous billets de banque au porteur sont supprimés.

Art. 29. Les pièces d'or et d'argent et toutes autres espèces monnayées actuelles cesseront d'avoir cours en France à partir du 1er juillet 1850, et seront rendues à l'industrie.

Il sera frappé une nouvelle monnaie de 1, 5, 25, 50 centimes et 1 franc, qui portera simplement, en relief, sur une face le mot : France, et sur l'autre l'indication de sa valeur et le millésime.

Les pièces d'or et d'argent et autres espèces monnayées pourront être échangées dans toutes les caisses du Trésor, au pair, jusqu'au 1er juillet 1850, pour tout délai.

Art. 30. Tous les biens nationaux, mobiliers et immobiliers, dont la possession par l'Etat sera reconnue inutile et, par conséquent, onéreuse, seront vendus aux enchères publiques ou par toute autre voie plus avantageuse.

---

(1) Tous les systèmes de crédit foncier proposés jusqu'à ce jour, notamment le système *Wolowski*, emprunté aux états du nord, sont mauvais, funestes aux propriétaires emprunteurs, et condamnés par l'expérience des faits acquis.

Art. 31. Toutes les recettes et dépenses de l'Etat, sans exception, seront inscrites, par ordre de numéros et de dates, avec indication des personnes et des causes, sur deux registres : le *Livre des recettes* et le *Livre des dépenses*.

Toutes les recettes et dépenses s'effectueront au ministère des finances : les autres ministres ne feront qu'ordonnancer les recettes et dépenses de leurs départements respectifs.

Art. 32. Les traitements des membres du gouvernement sont fixés comme suit :

Pour le Chef du gouvernement, 6 millions par an.

Pour le premier Ministre, 150,000 fr., et pour chacun des autres 100,000 fr.

Pour les membres du Conseil national, 50,000 fr. chacun.

Art. 33. A partir du 1er janvier 1850, sont augmentés :

1° La solde des armées de terre et de mer ; savoir :

D'un cinquième jusqu'au grade de sous-officier, inclusivement ;

D'un huitième du grade de sous-officier à celui de lieutenant-colonel, ou équivalent, exclusivement ;

Et d'un dixième pour les grades de lieutenant-colonel et au dessus.

2° Les traitements et appointements des magistrats, fonctionnaires et employés du gouvernement, savoir :

D'un cinquième pour les traitements de 1,000 à 2,000 fr. ;

D'un huitième pour ceux de 2 à 5,000 fr. ;

D'un dixième pour ceux au dessus de 5,000 fr.

Les traitements au dessous de 1,000 fr. sont élevés à ce taux.

Art. 34. En outre des soldes, traitements et appointements, les titulaires ou leurs veuves et enfants, ont droit à des pensions selon la durée des services.

Art. 35. Les soldes, traitements et appointements subiront une retenue d'un vingtième, qui sera employée en assurances sur la vie au profit du titulaire ou de sa veuve et de ses descendants.

CHAPITRE IV.

LOIS. — JUSTICE.

Art. 36. Toutes les lois seront immédiatement révisées, et classées par codes selon la nature de leurs objets respectifs.

Art. 37. Il sera incessamment pourvu à une nouvelle organisation judiciaire, dont le premier degré sera à la commune, le deuxième au canton, le troisième au département, et le quatrième et dernier à Paris.

Art. 38. L'institution du jury sera étendue, soit quant à sa durée, qui sera permanente comme les autres branches de la justice, soit quant à ses attributions.

Art. 39. Toute justice sera rendue au nom du Peuple français. Les jugements et arrêts commenceront ainsi :

AU NOM DU PEUPLE FRANÇAIS,

Le tribunal d........ a rendu, etc.

Art. 40. Toutes poursuites auront lieu sans frais, sauf indemnité de la part de celui dont la demande ne sera pas fondée, ou qui sera condamné.

Art. 41. La faillite est supprimée. Le débiteur honnête et gêné pourra seulement être protégé par la loi contre les rigueurs illégitimes de son créancier et contre des poursuites inutiles et compromettantes. Celui qui doit ne se libère qu'en payant, à moins d'abandon volontaire de la part de son créancier.

CHAPITRE V.

FORCE ARMÉE.

Art. 42. A partir du 1er janvier 1850, l'organisation militaire et maritime de la France sera profondément modifiée, de manière à supprimer en grande partie les frais de l'armée, à augmenter les forces disponibles, à améliorer le sort des défenseurs de la patrie.

Art. 43. Les gardes nationales seront partout immédiatement rétablies, habillées, équipées, armées, organisées et instruites.

CHAPITRE VI.

ÉDUCATION PUBLIQUE.

Art. 44. L'instruction est publique, gratuite et obligatoire.

Art. 45. Le sort des instituteurs sera amélioré et mis en rapport avec l'importance de leurs fonctions. En attendant, et à partir du 1er janvier 1850, leurs traitements sont augmentés d'un quart. En outre, ils ont droit à une pension de retraite et subissent une retenue d'un vingtième, employé en assurance sur la vie, comme les autres fonctionnaires de la Nation, ainsi qu'il est dit art. 34 et 35.

Art. 46. Il sera organisé dans chaque commune de France une bibliothèque populaire, publique et gratuite. L'instituteur remplira les fonctions de bibliothécaire.

Art. 47. Une assemblée publique a lieu dans chaque commune, au moins une fois par semaine, le dimanche. Dans les grands centres de population, cette assemblée est divisée par sections. L'assemblée est, de droit, présidée par le maire, un adjoint ou un conseiller municipal. Tout citoyen peut librement y exposer ses idées, exprimer ses vœux et soumettre toutes propositions, pourvu qu'il ne blesse ni la morale, ni les principes d'éternelle justice sur lesquels repose la société : la famille et la propriété.

Les sociétés secrètes sont formellement interdites.

ART. 48. Les journaux sont affranchis du cautionnement.

Toute personne majeure peut publier un journal, aux conditions suivantes :

Déclaration préalable, au moins trois jours à l'avance.

Tout journal doit être signé par un gérant responsable, dont le nom doit se trouver en tête.

L'auteur et le gérant répondent solidairement de chaque article. Le refus de la part du gérant de désigner l'auteur entraîne, de droit, la suppression immédiate du journal et l'interdiction pour le gérant d'en publier aucun autre.

Un exemplaire de chaque numéro doit être remis au bureau de la mairie, et un autre au parquet.

Une énonciation fausse donne lieu à une amende.

Un journal condamné trois fois peut être supprimé, et le journaliste privé temporairement de la faculté d'en publier un autre.

ART. 49. Toute affaire de presse appartient au jury, qui fixe la peine, s'il y a culpabilité.

CHAPITRE VI.

AMNISTIE.

ART. 50. Les lois de bannissement des familles des Bourbons sont rapportées. Les membres de ces familles, sans exception, sont libres de rentrer en France et d'y reprendre et exercer leurs titres et droits de citoyens français.

ART. 51. Amnistie pleine et entière est accordée à tous les condamnés politiques ou pour délit de presse, sans exception.

ART. 52. D'ici au 1er juillet 1850, il sera pourvu au sort de tous autres détenus dont la mise en liberté immédiate pourrait présenter quelque inconvénient.

CHAPITRE VII.

DISPOSITION TRANSITOIRE.

ART. 53. Toutes les lois et institutions actuellement existantes, auxquelles il n'est pas dérogé par les présentes, continueront à être exécutées jusqu'à dérogation ultérieure.

Dans une troisième lettre, Monsieur le Président, je reprendrai en sous-œuvre l'essai qui précède; j'exposerai les motifs des dispositions essentielles qu'il renferme, et j'expliquerai le mécanisme des institutions qui n'y sont qu'indiquées; en un mot, je compléterai mon travail de manière à démontrer que le système nouveau que je propose est le plus simple, le plus pratique, le plus facile à réaliser et le plus avantageux, en même temps qu'il est le seul rationnel, le seul vrai, et peut-être aussi le seul qui puisse convenir à la société nouvelle qui s'élève sur les ruines et les erreurs du passé, et qui soit capable de préserver l'ancienne société qui s'éteint d'une commotion violente, d'un ébranlement profond, — et qui sait ? — d'un anéantissement complet.

J'ai l'honneur, etc.

D. DE LA **F.**

N. B. Lorsque j'écrivais au roi Louis-Philippe, — qui doit reconnaître que je suis assez bon prophète, s'il a de la mémoire, et qui serait encore sur le trône s'il m'avait écouté, — ce monarque m'accusait immédiatement réception. Je désirerais beaucoup, Monsieur le Président, que vous voulussiez bien faire de même, car je n'ai que ce moyen de savoir si mes communications vous parviennent ou ne vous parviennent pas, et dans ce dernier cas ce n'est guère la peine que je vous les adresse.

EXPOSÉ DES MOTIFS

DU

PROJET DE NOUVELLE ORGANISATION

SOCIALE ET POLITIQUE,

OU

NOUVEAU SYSTÈME

GOUVERNEMENTAL, FINANCIER, ADMINISTRATIF ET JUDICIAIRE.

SOUMIS

AU PEUPLE FRANÇAIS,

PAR

DUMONT DE LA FONTAINE.

Paris,

AU BUREAU SPÉCIAL DE PUBLICATION DES BROCHURES, LIVRAISONS ET JOURNAUX.

PLACE DE LA BOURSE, 5.

1849

OUVRAGES DU MÊME AUTEUR.

Examen critique du siècle et plan d'améliorations sociales. Février 1839.

De l'organisation du Crédit foncier. Mai 1839.

Plan d'éducation populaire. Juillet 1839.

De la création et de la transmission des offices. Septembre 1839.

De l'association et des sociétés par actions et autres. Juillet 1840.

Un Mot, à propos de la question d'Orient, sur le devoir de la France et l'avenir de l'Europe, et lettre au roi. Août 1840.

De la liberté professionnelle et de l'abolition de la vénalité des offices et des priviléges. 1841.

Protestation contre une décision du Ministre de l'Instruction publique, prise en conseil royal, au sujet d'une demande tendant à ouvrir un Cours public et gratuit d'économie politique et industrielle pratique, et appel de cette décision du ministre et du conseil royal, dans l'erreur, au ministre et au conseil royal mieux informés. 1842.

De l'alignement des rues. 1844.

Observations sur le régime cellulaire. 1846.

De l'Organisation du travail. 1848.

Le Pouvoir et l'Assemblée nationale jugés par leurs actes. 1848.

Plus d'impôts, ou nouveau système financier, ayant notamment pour résultat de supprimer les impôts, de relever immédiatement l'agriculture, l'industrie et le commerce, et de procurer à tous la vie à bon marché. 1848-49.

SIMPLE OBSERVATION.

Si, en publiant nos idées et notre système, nous avions surtout en vue la satisfaction de notre amour-propre et une vaine popularité, nous ferions ce que font habituellement les auteurs, qui veulent être applaudis quand même et avoir toujours raison, nous nous bornerions à des généralités toujours élastiques et faciles à interpréter dans le sens qu'on veut leur donner; mais tels ne sont pas notre dessein et notre but : nous cherchons avant tout la vérité, et nous nous proposons principalement le bien public et le triomphe de la justice. Personnellement, nous sommes profondément convaincu ; mais nous pouvons nous tromper, car nous sommes loin d'être parfait et infaillible.

Donc, afin que la lumière se fasse aussi grande que possible, et pour rendre plus intelligible et plus facilement appréciable pour tout le monde le nouveau système d'organisation sociale et politique précédemment formulé et que nous nous proposons d'expliquer, nous procéderons méthodiquement, chapitre par chapitre, et, pour ainsi dire, article par article, disposition par disposition. Les difficultés de l'examen ainsi aplanies et la tâche de la critique diminuée, l'appréciation pourra, dès lors, être plus approfondie, plus éclairée, plus rigoureusement exacte, et partant plus utile. On pourra mieux relever les erreurs et réparer les oublis que nous avons inévitablement dû commettre, et, par ce moyen, rectifier nos idées, améliorer notre œuvre, et, si notre système est goûté, en faciliter la réalisation.

CHAPITRE Ier.

BASE SOCIALE ET POLITIQUE
DU POUVOIR.

De la Propriété.

En présence de ces idées subversives semées dans le monde, où elles jettent la perturbation, où elles ont déjà fait tant de mal, difficile à réparer, où, l'intérêt et la passion aidant, elles ont faussé tant de jugements auparavant sains, égaré tant de cœurs précédemment honnêtes, et lancé tant d'hommes simples, crédules et aveugles, dans une voie si dangereuse pour la société comme pour eux-mêmes (1), il m'a semblé utile, ou

(1) « *La parole a été donnée à l'homme pour déguiser sa pensée.* » Cette odieuse maxime de l'ancien évêque d'Autun, ce rusé diplomate, cet homme *fatal* qui se faisait un jeu des choses les plus sacrées, et dont le génie infernal semblait se complaire à ruiner tout ce qu'il avait d'abord édifié, mais édifié, selon ses desseins diaboliques, sur des fondements sans consistance auxquels il avait le rare talent de donner l'apparence d'une solidité durable; cette affreuse maxime a, malheureusement, survécu à son auteur, et, depuis

tout au moins à propos, de consacrer tout d'abord les principes fondamentaux sur lesquels repose nécessairement l'organisation de toute société civilisée : la *propriété*, le *mariage* et la *famille* (1).

La propriété a été violemment attaquée : on l'a traitée de vol. Une attaque aussi grossière ne méritait assurément pas l'honneur d'une discussion publique et solennelle, et si M. Thiers a provoqué ou accepté cette discussion, de même que s'il a publié un livre,—passablement mauvais,—sur la propriété, c'est qu'il avait besoin d'une réclame retentissante et d'un moyen de réhabilitation vis-à-vis d'un parti qui l'avait déjà délaissé et, pour ainsi dire, entièrement oublié.

Sans doute, il est des biens mal acquis; mais cela ne justifie aucunement l'attaque contre la propriété. La propriété est un droit; une mauvaise acquisition est un fait. Le droit de propriété est un principe; une mauvaise acquisition est un acte individuel, une conséquence illégitime, une application abusive de ce principe; et, à cause de ce fait, de cet acte détestable, de cette conséquence fâcheuse, de cette application mauvaise, on ne saurait évidemment, sans injustice, méconnaître la légitimité du droit et la bonté du principe (2).

Talleyrand, deux hommes surtout, faisant un abus monstrueux des éminentes facultés que la Providence leur a départies, semblent s'attacher à lui donner une éclatante justification.

PROUDHON ne pense pas un mot de ce qu'il dit. Son ambition seule le pousse à tout démolir, à tout renverser, pour avoir la triste gloire d'être plus fort que toute une société, à faire le vide autour de lui, pour se créer une royauté à lui, la *royauté du néant*.

Quant à M. THIERS, ce digne élève, ce parfait successeur de M. de Talleyrand, ce nouvel homme *fatal !* l'histoire contemporaine l'a déjà jugé, et sa vie publique prouve que sincérité, vérité, droiture, justice, patriotisme, bien public, humanité, sont pour lui des mots vides de sens, des choses dignes d'esprits vulgaires.

(1) « La propriété est la base de la famille, comme la famille est la base de la société. Sans propriété pas de famille, et sans famille pas de société. La propriété est donc la base fondamentale de la société, » (........*Examen critique du siècle et plan d'améliorations sociales*. Paris, février 1839.)

« Le mariage, la famille et la propriété forment la base impérissable des sociétés. (F. DE LAMENNAIS. *Du passé et de l'avenir des Peuples*. Paris, juin 1841.)

« *Le droit de propriété, fondement essentiel de toute organisation sociale*, n'a pas toujours trouvé dès l'origine de chaque société des garanties égales à son importance. Il a fallu, le plus souvent, qu'éclairées par le temps, les sociétés s'élevassent au sentiment réfléchi du droit pour que la propriété reçût de la constitution la protection qu'elle devait en attendre. Il n'en fut pas ainsi à Rome ; dès l'origine de la société romaine, le droit de propriété apparaît hautement proclamé, puissamment défendu comme la base sacrée sur laquelle reposera l'édifice tout entier de la constitution sociale ; et ce n'est pas un des traits les moins remarquables de l'histoire de Rome que le spectacle d'un peuple préludant ainsi à ses destinées, devançant, par une inspiration féconde, les enseignements de l'expérience. (DROIT, 23 juillet 1841.)

(2) « Eh ! qui voudrait travailler et économiser, qui voudrait devenir époux et père, si l'on ne pouvait conserver sûrement et transmettre, après

On dit que, la richesse étant produite par le travail de l'homme, elle doit appartenir exclusivement au travailleur, et que le capital, étant de lui-même une chose inerte, ne doit aucunement y participer et ne produire ni loyer, ni intérêt, ni aucun autre revenu.

Ainsi : 1. J'ai économisé cent mille francs d'argent. Je ne puis ou ne veux plus travailler, et, n'utilisant pas moi-même ces cent mille francs, je puis les manger peu à peu, et voilà tout. Les prêter à quelqu'un qui, en les utilisant, obtiendrait, par exemple, 5 p. cent pour moi et 10 p. cent pour lui, ce serait, d'après Proudhon et son école, être usurier et voleur. Je garderai donc mes cent mille francs que je mangerai petit à petit. Cette valeur qui, dans les mains de celui à qui je l'aurais prêtée, eût produit une nouvelle richesse, ne produira rien du tout; et le travailleur qui aurait gagné 10 p. cent avec mon capital, étant privé de ce capital, se croisera les bras et ne gagnera rien.

2. J'ai une maison ou une terre valant cent mille francs. Je ne puis occuper seul toute la maison et travailler le bien. Je serai logé et pourrai me promener, voilà tout. De revenus, point. Avec mon capital je mourrai de faim, et, par contre, ceux qui n'auront pas de maison à eux s'en feront bâtir, s'ils peuvent, sinon ils coucheront dans la rue. Et mon bien restera inculte, tandis qu'un fermier y aurait vécu tout en me faisant vivre, si j'avais pu l'affermer.

Mais si l'on ne peut ni prêter son capital, ni affermer son bien, ni louer sa maison, il est clair comme le jour que :

Premièrement, le capital énorme qui compose les économies et la fortune acquise de chacun, et qui sert actuellement à multiplier la richesse générale, par la reproduction, au moyen de l'utilisation, ce capital deviendra une valeur morte et improductive: d'où il suit évidemment que la richesse générale sera notablement diminuée. — Singulier moyen d'améliorer le sort d'un peuple que celui de restreindre sa fortune!

Secondement, personne ne voulant avoir ni maison, ni terre improductives, chaque individu se bâtira une cabane, comme un sauvage (1), et ne possédera ou cultivera qu'une étendue de terrain limitée à ses forces physiques et à ses besoins de tous genres, deux choses qui sont rarement proportionnées l'une à l'autre: car l'on voit fréquemment un homme faible et maladif avoir des besoins considérables, tandis qu'un autre homme, fort, vigoureux et bien portant, se suffit avec peu. —

soi, à l'objet de ses affections, le fruit de son travail et de ses raisonnables privations? » (....... *Examen critique du siècle et plan d'améliorations sociales.*)

(1) Plus de grandes maisons ! Paris s'étendra nécessairement jusqu'à Saint-Denis, pour loger toute sa population dans des bicoques qui offriront un coup-d'œil vraiment grandiose !

Adieu donc les grandes exploitations, les bœufs, les charrues, etc. : on ne cultivera plus qu'à bras, et un individu n'aura pas assez de toute la journée pour travailler. Il deviendra, plus que jamais, comparable à une bête de somme. Il sera nécessairement l'esclave de sa terre. Au lieu de tendre à affranchir l'homme du travail physique, autant que possible, au profit de son intelligence, le système proudhonien tend donc, au contraire, à absorber le temps de l'individu, par son travail physique, au préjudice de son esprit. — Quel progrès!

Troisièmement enfin, personne ne pouvant exactement mesurer soit la durée de son existence, soit ses besoins accidentels, par suite de maladies ou autrement, l'homme sera, bon gré mal gré, enchaîné au travail, à peu près toute sa vie, comme un esclave. — Voilà la liberté des socialistes proudhoniens.

On pourrait multiplier à l'infini les exemples d'impossibilité pratique et d'absurdité du système de l'école proudhonienne, qui proclame que la propriété est un vol et demande l'abolition du capital et la gratuité du crédit; mais ce serait insulter au bon sens public que de ne pas lui laisser le soin de faire lui-même justice de telles aberrations. Nous ne comprenons même pas que M. Frédéric Bastiat, homme pratique et un de nos économistes les plus distingués, soit descendu dans l'arène de la *Voix du peuple*, pour y discuter avec M. Proudhon cette question de la gratuité du crédit ou intérêt du capital, que M. Eugène Pelletan avait déjà bien plus heureusement traitée dans ses spirituels et profonds feuilletons de *la Presse*.

Non, il n'est pas vrai que le travail de l'homme puisse tout seul produire la richesse. Il faut nécessairement un capital quelconque, ce capital ne fût-il qu'une aiguille, un morceau de fil et un morceau de toile avec quoi on puisse faire un sac, par exemple. Le sauvage, qui vit comme un animal, qui se nourrit des fruits des arbres et du produit de sa chasse ou de sa pêche, qui se vêt avec les peaux des bêtes qu'il tue, ce sauvage ne peut ni pêcher, ni chasser, ni conséquemment vivre et se vêtir sans capital : son fusil, son plomb et sa poudre, ou son arc et ses flèches, ainsi que son instrument de pêche, composent son capital, qu'il sait faire respecter et qu'on ne lui ravirait pas impunément.

Le capital n'est autre chose, d'ailleurs, que le travail lui-même, mais le travail réalisé, économisé, accumulé sous une forme matérielle et compacte (1). Attaquer le capital, c'est

(1) Pour flatter les passions du peuple, M. Proudhon dit maintenant que le capital réalisé par le travailleur avec ses économies est le *seul légitime*. Seulement il n'accorde pas encore à ce capital la faculté d'être prêté à intérêt, — ce qui en fait une valeur morte, inutile à l'ouvrier et à la société;

donc attaquer le travail lui-même ; car, si le capital était aboli ou laissé improductif, ce qui revient à peu près au même, à partir de ce jour-là, chacun travaillerait juste de quoi satisfaire ses besoins naturels, au jour le jour, et l'homme serait bientôt réduit à la vie animale, à la condition du sauvage. Voilà la civilisation du socialisme proudhonien !

Le travail ne pouvant rien produire sans l'aide du capital, pas plus que le capital sans le travail, il est donc évident et juste que l'un et l'autre, concourant conjointement et simultanément à produire la richesse, participent aussi l'un et l'autre à cette richesse, proportionnellement à l'action et à l'utilité de chacun. L'action étant commune, le résultat doit être commun.

Il est vrai que, jusqu'ici, le travail a été inéquitablement loti (1). Le capital, maître du terrain et abusant de sa suprématie, n'a accordé au travailleur, sous forme de salaire, qu'une rémunération proportionnée, non point à l'utilité, au résultat et, par conséquent, à la valeur du travail, mais simplement aux besoins physiques, à la vie matérielle du travailleur, c'est-à-dire à ce qui était nécessaire pour la conservation de cet instrument indispensable d'exploitation, de cet agent essentiel de production. Le capital a gardé pour lui seul tout le reste du produit, comme font les colons à l'égard de leurs esclaves, perpétuant ainsi l'exploitation de l'homme par l'homme et substituant à l'esclavage légal, aboli, la servitude de l'argent, infiniment plus cruelle sous le rapport matériel, puisque, l'esclave ayant une valeur, le maître a intérêt à le

tandis que, s'il produisait un intérêt, cet intérêt, s'ajoutant au capital, grossirait plus vite la fortune de l'ouvrier et lui permettrait ainsi de prendre plus tôt le repos auquel chacun aspire après avoir travaillé.

On voit, du reste, où conduit ce système : — D'une part, tout le capital, argent, bien, maison, etc., non possédé par l'ouvrier, ne pouvant produire aucun revenu, serait nécessairement consommé dans un délai quelconque, et alors tout ce qui n'est pas ouvrier mourrait de faim. Ainsi, *détruire une classe au profit d'une autre, ou obliger tout le monde à travailler* : voilà le but et le résultat du système proudhonien. — Et, d'autre part, point de repos pour personne, puisque, le capital formé par l'ouvrier ne pouvant non plus rien produire sans travail, il serait, à son tour, détruit par la consommation avant la mort de l'ouvrier, s'il s'était reposé trop tôt ou avait eu des besoins imprévus, — ce qui l'exposerait à mourir de faim.

Et si tout le monde est obligé de travailler, qui fera travailler ?

(1) « Les différentes causes de souffrance de la société se résument en trois espèces principales, qui vont être examinées séparément, à savoir :

» 1° L'esprit dominant est essentiellement mauvais ; la société est corrompue et marche vers sa décadence.

» 2° L'équilibre entre les besoins matériels de la société et la richesse, qui est le moyen de les satisfaire, est rompu.

» 3° L'organisation de la société, sous le rapport notamment de la *distribution des richesses ou participation du travail à la production*, est essentiellement vicieuse et contraire à toute règle de justice, à toute condition de durée. » (*Examen critique du siècle et plan d'améliorations sociales*, 1839.)

nourrir et à le soigner quand même, tandis que l'ouvrier libre, privé d'ouvrage, est exposé à mourir de faim !

Voilà le fait, et ce fait, injuste, est un mal qu'il faut faire cesser, non point en abolissant la propriété, en supprimant le capital, ou en donnant tout au travailleur — ce qui serait remplacer une iniquité par une autre ; — mais en faisant justement participer le travail aux richesses qu'il concourt à produire, en mettant le capital, par le crédit, à la portée du travail, et en facilitant aux travailleurs sages et économes le moyen de devenir capitalistes et propriétaires. L'école socialiste veut diminuer la richesse et abaisser les propriétaires et les capitalistes au niveau ou plutôt au-dessous des travailleurs, c'est-à-dire faire de tous les hommes des prolétaires et des pauvres. Nous pensons qu'il vaut mieux, au contraire, multiplier la richesse et élever les travailleurs au niveau des propriétaires et des capitalistes, en les faisant eux-mêmes capitalistes et propriétaires et en assurant leur bien-être. Ajoutons qu'en isolant les individus et divisant les intérêts, d'après le système proudhonien, on maintient entre les hommes des causes de rivalité, de haine et de lutte, qu'il faut, au contraire, s'attacher à faire cesser ; tandis qu'en unissant les hommes, par la liaison de leurs intérêts, on développe en eux le sentiment chrétien ou humanitaire de la Fraternité, et on augmente ainsi les chances de bonheur de tous et de chacun. — Lorsque nous nous occuperons des institutions de crédit, ce sera le lieu d'expliquer comment cette association des intérêts, ainsi que la participation du travail à la production, peuvent être facilement mises en pratique, sans perturbation aucune, sans blesser aucun intérêt légitime, et d'une manière conforme à nos lois, ainsi qu'aux mœurs, aux idées, à l'esprit et aux tendances du siècle, aux nécessités de l'époque (1).

(1) Il y a entre le système de PROUDHON et le nôtre une différence essentielle que nous devons signaler.

M. Proudhon procède par voie de haine, de violence, d'exclusion, d'injustice, de destruction, et aboutit fatalement, une fois le monopole et la classe capitaliste et propriétaire actuels détruits par la force brutale ou la famine, au rétablissement, dans la nouvelle société proudhonienne, du monopole et de l'exploitation qu'il prétend abolir dans celle-ci.

Et, en effet, en repoussant l'égalité absolue et voulant la liberté individuelle illimitée, il laisse évidemment à chacun toute la latitude nécessaire pour écouter ses instincts, obéir à ses penchants et satisfaire ses passions.

Or, 1° le sentiment de la propriété ou capital, qui n'est que l'instinct de sa propre conservation inhérent à la nature humaine, existe chez chaque individu, jusque chez les animaux, un peu plus ou un peu moins, sous une forme ou sous une autre, — de même que l'ambition des distinctions et de la gloire, qui n'est que l'instinct de l'élévation, pareillement inhérent au cœur humain, et, d'ailleurs, fort louable, puisqu'il est la manifestation, — quoique imparfaite et déréglée, parce que notre société est corrompue et que notre éducation et nos mœurs sont faussées, — de nos aspirations vers la perfection, vers le Créateur, de notre tendance à aller vers eux.

2° L'individualisme, qui est la conséquence et le complément logiques et

Du Mariage et de la Famille.

On ne s'est pas contenté d'attaquer la propriété et de la qualifier de vol ; on a aussi jeté des pierres contre le mariage et la famille, et prétendu que l'institution du mariage était à la fois absurde et immorale.

Cette attaque porte à faux comme la première.

Il n'est malheureusement que trop vrai que le mariage, tel qu'il se contracte aujourd'hui, le plus souvent, est effectivement immoral ; car il n'est autre chose qu'une spéculation d'argent pour l'homme, qu'une spéculation d'amour-propre et d'affranchissement pour la jeune fille, et qu'une collocation, qu'une délivrance même d'une personne embarrassante pour beaucoup de pères. En tous cas, c'est, à peu près toujours, une affaire d'intérêt ou d'amour-propre, à moins que la passion sensuelle n'en soit la cause déterminante, ce qui n'est guère mieux.

Or, il faut bien en convenir, le mariage ainsi contracté n'est qu'une prostitution légale, tolérée par nos mœurs corrompues, et il serait, dès lors, déraisonnable d'en attendre la

nécessaires de la liberté individuelle absolue, — car, si l'individu est lié à quelque chose ou tenu par quelque chose, il n'est pas absolument libre, comme M. Proudhon veut qu'il soit, — l'individualisme enfante l'égoïsme, qui n'est aussi que le sentiment, mais le sentiment brutal, déréglé, exagéré, de la propriété.

Donc, dans la société proudhonienne, ce double instinct de la conservation et de l'élévation, c'est-à-dire le sentiment de la propriété, l'égoïsme et l'ambition des distinctions et de la gloire, n'étant aucunement modifiés, tempérés et dirigés, puisque l'homme sera maître absolu de lui-même et libre de tout lien, cet instinct pourra plus facilement se produire et se développer, et pour le satisfaire l'homme sera fatalement conduit à employer les moyens actuels, justement condamnés par Proudhon : le monopole et l'exploitation.

Le système de M. Proudhon n'est donc pas seulement condamnable sous le rapport des moyens de réalisation, insociaux et inhumains, qu'il emploie et qu'il prêche : haine, vengeance, destruction ; il est également faux, et ne ferait assurément pas l'éloge du jugement de son auteur, si M. Proudhon était sincère dans ses doctrines, — d'autant plus déplorables et plus funestes qu'elles s'adressent à la classe la moins éclairée, et qu'il les expose avec un rare talent de persuasion et une grande apparence de conviction.

Notre système, au contraire, procède par voie de conciliation et de justice, de paix et d'organisation, d'union et de fraternité, et aboutit nécessairement à la régularisation définitive, à l'utilisation la plus avantageuse, et à la répartition équitable de toutes les forces, de toutes les facultés, de tous les intérêts, de tous les droits, et, par suite, à la plus grande satisfaction humainement possible des besoins matériels et moraux des individus, sans restreindre la liberté sociale et civilisée à laquelle chacun a droit, et qui se trouve, au contraire, étendue jusqu'aux limites de la licence, qu'on ne doit jamais franchir.

Le système de M. Proudhon est le système de l'isolement et de l'égoïsme, c'est-à-dire du *Chacun chez soi et chacun pour soi.*

Le nôtre est celui de l'union et de la fraternité, c'est-à-dire de *Chacun pour tous et tous pour chacun.*

moralité de la famille, car un mauvais arbre ne produit guère de bons fruits ; ce qui explique suffisamment ce relâchement déplorable du lien de famille, de l'autorité paternelle, du respect des parents et des mœurs, produisant, à son tour, l'individualisme, l'égoïsme et le matérialisme, qui sont les vices dominants de notre époque.

Mais, si nombreux que soient les mauvais mariages, ils ne sauraient avoir la puissance de faire que le mariage ne soit, en lui-même, l'institution la plus sainte, la plus sublime, la plus morale et la plus féconde en bons résultats de tous genres, celle, en un mot, qui offre le plus de chances de bonheur.

Au lieu de détruire le mariage, il faut donc, au contraire, le fortifier et le multiplier ; seulement, il faut le purifier et le ramener à sa vérité primitive, en s'attachant à détruire les causes de sa souillure, par le développement de la richesse et du bien-être général, par une éducation sérieuse, morale et fortifiante, par l'honorification du travail et de la vertu (1).

Liberté, Égalité, Fraternité.

On a si étrangement abusé de ces mots, qu'on voit aujourd'hui sur tous les murs, mais qui se trouvent dans bien peu de cœurs, et dont on peut dire ce qu'on dit des amis : « Le nom est bien commun et la chose est bien rare », que nous avons cru devoir les faire suivre de correctifs dont voici l'explication :

Liberté *selon le droit*, c'est-à-dire renfermée dans cette limite : «Ne pas faire à autrui ce que nous ne voudrions pas que l'on nous fît. » La liberté s'arrête là où elle devient nuisible à quelqu'un : nul n'a le droit de nuire à personne. Au delà est la licence, et la licence détruit toute sécurité, et, conséquemment, toute liberté raisonnable, juste et vraie. Si vous

(1) *Le mariage est la base de la famille, et la famille est la base de la société.* Quand le mariage est contracté dans des conditions rationnelles et morales, c'est-à-dire lorsqu'il est déterminé *d'abord* par l'affection réciproque des époux, et *ensuite* par les convenances sociales, le tout fortifié par la raison, qui veut qu'on s'assure, par des biens acquis ou par le travail, les moyens de vivre et d'élever ses enfants, alors la société est morale et tranquille, parce que sa base est morale, bien constituée et solide. Mais lorsque, comme de nos jours, l'affection, les convenances, la raison, tout, jusqu'à l'honneur, est sacrifié à l'argent, alors le mariage est immoral, la famille est sans mœurs, sans lien, sans unité, sans force ; la société est agitée et inquiète, parce que les hommes manquent de tranquillité et de bonheur ; elle est en proie à des secousses continuelles, elle tremble et chancelle, parce que ses fondements sont mal assis ; elle est corrompue et marche vers sa décadence, parce que sa base est pourrie. Détruisez la nécessité d'une grande fortune, facilitez le mariage dans de bonnes conditions, et vous aurez déjà beaucoup fait pour la moralisation de la famille, pour l'amélioration de la Société, pour le bonheur des hommes et la tranquillité publique. (...... *De la liberté professionnelle.* Paris, 1841.)

croyez pouvoir m'empêcher de passer, m'injurier, me frapper, me dépouiller et entrer chez moi, malgré moi, sous le prétexte que vous n'êtes pas libre si vous êtes empêché de le faire, il est évident que vous m'ôtez la liberté soit de sortir, pour ne pas être rencontré et maltraité par vous, soit de rester chez moi, puisque vous pouvez m'y atteindre. Et comme il en sera de même pour vous de la part d'un autre plus audacieux ou plus fort que vous, et ainsi de suite, il est donc évident que personne ne sera ni libre, ni en sûreté. Ce sera le règne du plus fort ou du plus adroit, comme chez les animaux.

Egalité *devant la loi.* L'architecte qui a construit le monde avait, sans doute, ses raisons pour couronner le poignet de cinq doigts inégaux en longueur, en grosseur, en fonctions, et pour donner aux humains des facultés, des aptitudes, des goûts, des désirs et des besoins très différents et très inégaux, et ceux qui demandent l'égalité absolue méritent assurément moins de confiance que le Créateur.

Les égalitaires formulent ainsi leur loi : *de chacun selon ses facultés et à chacun selon ses besoins.* Il faudra donc quelqu'un chargé de recevoir le produit de chaque individu et de lui donner de quoi satisfaire à ses besoins. Mais qui déterminera la nature et l'étendue des facultés, la somme des besoins ? Les ignorants, les paresseux et les ivrognes doivent être partisans de ce système, qui leur permettrait de vivre confortablement aux dépens des gens capables et laborieux. En outre, il n'y aurait plus que des professions agréables : des écrivains, des avocats, des médecins, etc., et personne ne voulant être ni cordonnier, ni couvreur, ni vidangeur, etc., chacun serait obligé de cultiver sa terre, de bâtir sa maison, de faire ses habits, ses souliers, son pain, etc., ce qui serait remonter à l'enfance du monde, et par conséquent rétrograder au lieu d'avancer.

Figurez-vous un peuple d'enfants en tutelle dont chacun irait, chaque soir, porter le fruit de son travail du jour, recevrait une réprimande ou une correction s'il n'avait pas travaillé selon ses facultés, exposerait ses besoins et demanderait de quoi les satisfaire !

Plus d'indépendance, plus de liberté; plus de propriété, et, partant, plus d'ordre, d'économie et de tempérance; plus de distinction, et, dès lors, plus d'émulation, plus d'étude, plus de progrès; mais, en revanche, l'animalité poussée jusqu'au dernier degré.

Tel serait le résultat de l'égalité absolue, — que ses inventeurs sont loin de mettre personnellement en pratique (1).

(1) «L'extrême disproportion des richesses est la source de bien des maux et des crimes : mais *l'égalité des biens est une chimère.*» (ROBESPIERRE, discours à la Convention, 24 avril 1793.)

Il n'y a qu'une égalité raisonnable, juste et possible dans une société organisée et civilisée : c'est celle qui consiste à faire que tous les citoyens, quels que soient leur naissance, leur rang, leur religion, leur opinion, leur fortune, leur profession, leur intelligence, soient égaux devant la loi, c'est-à-dire que la loi soit la même pour tous, sans distinction, qu'elle punisse ou qu'elle protège, et qu'il n'y ait de privilége et de faveur pour personne, en rien ni pour rien. La loi doit être comme le soleil, qui se lève pour tous ou pour aucun.

Il va sans dire que par égalité devant la loi nous entendons aussi l'égalité devant la justice, le gouvernement, l'autorité et, en un mot, tout ce qui est préposé au gouvernement et à l'administration de la société, au nom et dans l'intérêt de tous les citoyens également — De même que nous voulons dire que le plus pauvre et le plus humble doit pouvoir arriver à tout, jusqu'au plus haut degré, si son intelligence l'en rend digne et si ses concitoyens l'y appellent.

Fraternité *dans la hiérarchie*. La fraternité absolue implique l'égalité absolue, car deux frères sont absolument égaux.

Or, pas de liberté sans sécurité; pas de sécurité sans protection; pas de protection sans autorité; pas d'autorité sans hiérarchie.

Donc, pas de fraternité absolue, parce que la fraternité absolue est, comme la liberté et l'égalité absolues, la négation de l'ordre, de la sécurité, de la liberté, de la société. La fraternité absolue, c'est-à-dire sans la hiérarchie, c'est l'anarchie, le chaos, le néant (1).

La hiérarchie, loin d'exclure la fraternité, lui sert d'auxiliaire et de complément, en protégeant le faible contre le fort, l'opprimé contre l'oppresseur, et redressant ainsi les écarts de la fraternité, imparfaite dans ses actes comme tout ce qui est humain.

______

(1) On sait que c'est là que tendent le système et les efforts de Proudhon, dont la philosophie est celle-ci : Le monde est une bouffonnerie de Dieu, qui s'en amuse, et les hommes sont des marionnettes qu'un esprit supérieur doit faire mouvoir à son gré, pour se distraire.

Un combat d'hommes qui se crèvent les yeux, comme en Angleterre, ou d'animaux qui s'éventrent, comme en Espagne et même en France, est un spectacle émouvant qui amuse le vulgaire. M. Proudhon n'a ni un esprit ni des passions ordinaires, et ne saurait se contenter de si peu : il lui faut, à la façon de Dieu, un monde pour jouet. La guerre civile, — à laquelle il pousse de tous ses moyens, tous les jours et sous toutes les formes, en excitant les travailleurs contre les propriétaires et les capitalistes, — serait pour lui une distraction émouvante digne de son génie destructeur; et l'écroulement de la société, — qu'il provoque tous les matins avec une persévérance opiniâtre, en prêchant la destruction de tout gouvernement, de toute autorité, de toute discipline, de toute règle, et l'admission de la liberté individuelle la plus complète et la plus illimitée, c'est-à-dire la licence la plus effrénée, — cet écroulement de la société est le seul spectacle qui puisse satisfaire son humeur diabolique et lui causer quelque joie, — et en conçoit, dès lors, qu'il y travaille avec tant d'acharnement.

Souveraineté nationale.
Suffrage universel. Elections. Pouvoir.

> « . . . . . Nous voudrions un changement
> complet des lois qui règlent la représentation
> nationale. »
>
> « . . . . . On ne bâtit rien de solide sur un
> mensonge. »
>
> LOUIS-NAPOLÉON BONAPARTE.

Une chose qui doit surprendre tout homme doué d'un sens droit, d'un jugement sain, d'un esprit logique et d'un cœur vraiment honnête, c'est que le peuple français soit resté aussi long-temps soumis aux différents régimes qui se sont succédé en France, sans s'apercevoir que ces régimes, tous faux, fictifs et mensongers, quoique à des degrés différents, devaient dès lors amener des révolutions périodiques plus ou moins fréquentes, et s'opposaient nécessairement à l'acomplissement des destinées humaines, c'est-à-dire au progrès mesuré, mais incessant; au triomphe des lumières, de la raison, de la vérité et de la justice; au bien-être, à l'indépendance, à la liberté et à la moralité du peuple; à la fusion des partis et des classes, à l'union des hommes et au bonheur commun.

Et ce qui est plus surprenant encore, c'est que ni ce régime bâtard, importé d'Angleterre, qu'on appelle régime constitutionnel ou parlementaire, ni les différentes autres assemblées qui ont exercé le pouvoir, ni même le suffrage universel, n'aient produit un seul homme, parmi tant de prétendus défenseurs du peuple, qui soit venu proclamer au nom du peuple la souveraineté et la plénitude de son droit, et en réclamer le libre et entier exercice. — Car nous sommes loin de regarder comme de vrais amis et défenseurs du peuple, mais, au contraire, comme ses plus grands ennemis, ces hommes que leur égoïste et jalouse ambition pousse à nier, renverser et détruire toute autorité, tout gouvernement, pour y substituer, sans doute, leur prépondérance personnelle.

Tous les gouvernements dont la France a essayé jusqu'à cette heure ont tous, un peu plus ou un peu moins, reposé sur cette erreur grossière et funeste, que le Pouvoir et la Nation sont deux choses complétement distinctes et séparées, ayant des intérêts opposés et rivaux et des missions respectives tout à fait contraires : l'un, le pouvoir, devant souverainement régner et commander en maître; et le peuple, en esclave soumis, courber le front et obéir aveuglément, sous peine de punition.

On le voit, les rôles étaient intervertis. Le pouvoir, ayant usurpé le droit de la nation, en abusait à son profit, et, pour se maintenir dans cette position, il passait son temps à faire de la diplomatie intérieure et se trouvait forcé d'employer, incessamment et sous toutes les formes, la corruption, l'intimidation, la compression et la répression, moyens odieux qui, poussés à l'excès, produisaient d'abord la résistance, puis la révolte, et, enfin, la révolution.

Cette situation fausse résultant de l'interversion des droits et des devoirs respectifs et réciproques du pouvoir et de la nation, a eu, en outre, pour conséquence nécessaire de fausser aussi toutes les institutions.

L'autorité, au lieu d'être paternelle et protectrice, se fait répressive et cruelle. Au lieu d'éclairer, de surveiller et d'avertir pour empêcher le mal, elle induit en erreur, espionne et excite pour surprendre et punir.

La justice cherche moins la vérité que le triomphe par la condamnation : il lui faut des coupables ; un acquittement est un échec, c'est une proie qui échappe.

L'administration ne semble pas se douter le moins du monde qu'elle existe pour les besoins et la commodité du public ; on voit, par sa façon d'agir, qu'elle croit, au contraire, que le public a été créé et mis au monde pour elle, et les services publics établis pour la convenance des employés et par commisération pour les citoyens.

Quant à l'armée, qui commence pourtant à s'améliorer, à mesure que les lumières y pénètrent, on sait ce qu'elle est : une masse de bouchers humains, instruments passifs du pouvoir, destinés à le soutenir contre la nation plutôt encore qu'à protéger la nation contre l'étranger.

La vérité dans le pouvoir peut seule ramener les choses à un état normal et durable. Cette vérité, c'est la souveraineté nationale, comme principe ; la délégation du pouvoir, comme exercice de cette souveraineté ; le suffrage universel et les élections, comme moyen, ainsi que nous l'avons établi dans notre projet d'organisation, et que nous allons l'expliquer de manière à ne laisser, s'il est possible, aucun doute dans l'esprit de qui que ce soit.

Qu'est-ce qu'une Nation ? Une Nation est un Peuple groupé sur une certaine étendue de terrain qu'on appelle territoire ou Pays.

Un Peuple est une réunion d'hommes essentiellement libres et dont la liberté est inaliénable et imprescriptible, et non un troupeau de bêtes ou d'esclaves, dont on puisse disposer comme d'une marchandise. — Un Pays est un domaine commun à tous les nationaux, dans la proportion acquise ou dévolue à chacun d'eux, et non point une propriété privée dont un ou plusieurs individus puissent s'emparer exclusivement au préjudice des masses.

La souveraineté nationale, la seule qui soit légitime, réside donc uniquement et réellement dans l'universalité des citoyens.

Or, un peuple, ne pouvant évidemment se gouverner lui-même, doit nécessairement choisir un ou plusieurs de ses membres, qu'il investit du mandat de le représenter, et à qui il confie le pouvoir d'agir en son nom et dans son intérêt. C'est là, du reste, ce qui a lieu, parce qu'il ne peut pas en être autrement, toutes les fois que des intérêts sont communs à un certain nombre de personnes. Les animaux eux-mêmes obéissent à cette loi, qui ne peut assurément être mise en question que par des hommes de mauvaise foi. Comprend-on une armée sans chef? Qui combinerait l'attaque ou la défense? Qui dirigerait les mouvements? Quand il n'y a personne pour diriger et commander, il n'y a personne pour exécuter et obéir. On ne fait rien, ou tout se fait mal.

Il faut donc, de toute nécessité, que le peuple délègue à quelqu'un le pouvoir de le diriger, de gérer et administrer ses affaires, c'est-à-dire de gouverner.

Mais cette délégation est-elle et peut-elle être de la part du peuple une abdication, une aliénation de son droit et de sa liberté? Assurément non; et tout pacte qui dépouillerait le peuple de ce droit et de cette liberté serait contre-nature, immoral, illégitime, et, dès lors, radicalement nul. Est-ce que quand je vous donne le pouvoir de gérer ma maison je renonce à mon droit de propriété? Nos législateurs eux-mêmes l'ont si bien compris qu'ils ont stipulé dans nos lois : d'une part, que toute convention contraire à la morale est, de plein droit, nulle et regardée comme non avenue; et, d'autre part, que le mandat est, de sa nature, essentiellement révocable.

Lors donc qu'un peuple donne à un chef ou à une assemblée quelconque un pouvoir irrévocable pendant un certain temps, durant lequel le chef ou l'assemblée peut, si bon lui semble, agir contre les volontés et sacrifier les intérêts du peuple, ce peuple abdique sa souveraineté, aliène son droit et renonce à sa liberté. Un tel mandat est anti-social, immoral, illégitime, illégal : il est, de plein droit, nul, radicalement nul.

Et lorsqu'en donnant à ce mandat une durée obligatoire pour le mandant, on stipule qu'il ne pourra pas être continué après l'expiration du terme fixé, on commet une nouvelle faute : on ajoute une absurdité à une nullité.

Pour concevoir, combiner et accomplir de grandes choses, en effet, il faut, le plus souvent, un certain temps. Or, quel est l'homme qui s'attachera à une œuvre qu'il sait d'avance ne pas pouvoir continuer et mener à fin? Une telle limitation de durée restreint nécessairement aussi les idées, les vues, les efforts et le travail, et ne produit que des œuvres éphémères : c'est la vie précaire au jour le jour.

Il faut, d'ailleurs, en toutes choses une certaine étude, qui exige elle-même un certain temps. Eh bien ! c'est lorsque, cette étude étant faite, on peut devenir plus utile, qu'on est remercié, comme si on avait principalement en vue de former des élèves. N'est-ce pas là le comble de la déraison, et agit-on ainsi dans les affaires privées, qui demandent pourtant, en général, des connaissances moins étendues, et conséquemment une étude moins longue que les affaires publiques?

Nos Ministres et nos Préfets en sont la preuve vivante et péremptoire.

En arrivant dans le département dont l'administration lui est confiée, le Préfet devrait commencer par étudier ce département sous le triple rapport matériel, intellectuel et moral, afin d'en connaître l'esprit, les idées, les tendances, les mœurs, les habitudes, et jusqu'aux vices de sa population; ses ressources et ses besoins de tous genres; les améliorations dont il est susceptible, etc., etc.; ensuite, suffisamment éclairé, combiner un système et se mettre à l'œuvre. De cette manière chaque département, et par conséquent le pays tout entier, serait bien administré. Mais pour agir ainsi, il faudrait que le Préfet fût sûr ou espérât au moins de rester à la tête de son département assez long-temps pour y réaliser quelque chose. Au lieu de cela, le Préfet, simple agent politique, au lieu d'être un administrateur, sachant fort bien qu'il ne fera que passer, pour ainsi dire, dans le département où on l'envoie, n'étudie rien, n'entreprend rien, et ne fait rien autre chose que moucharder, intriguer et corrompre, par les ordres et au profit du pouvoir dont il dépend.

Il est donc de toute évidence, selon nous, que le peuple ne doit et ne peut donner qu'un mandat; que ce mandat doit être révocable à sa volonté, et que sa durée doit être illimitée, c'est-à-dire soumise uniquement à la volonté du peuple et à la conduite du mandataire, conduite qui détermine cette volonté.

Tant que le mandataire remplira son mandat à la satisfaction du peuple, ce mandat lui sera laissé. Pourquoi obliger le peuple à renvoyer un représentant qui fait bien ses affaires et dont il est content, pour courir la chance d'en prendre un autre qui ferait mal ou moins bien?

Si, au contraire, le représentant agit mal et trompe la confiance du peuple, pourquoi le peuple lui continuerait-il sa confiance, et lui laisserait-il son mandat? Est-ce que vous gardez quand même un intendant qui fait mal vos affaires et compromet votre fortune? Dans ce cas le peuple révoquera donc son représentant et en choisira un autre.

Le représentant élu par le peuple, ne fût-ce que dans son intérêt personnel, c'est-à-dire pour être conservé, mettra donc tous ses soins à justifier la confiance du peuple, et à le satisfaire en agissant toujours selon sa volonté et ses intérêts;

et on obtiendra ainsi l'administration la meilleure qui soit possible et la plus avantageuse pour le pays.

Nous prévoyons une objection spécieuse que nous devons prévenir et détruire à l'avance. On dira peut-être que la crainte d'être révoqué d'un moment à l'autre détruira l'esprit de suite et d'entreprise que nous voulons obtenir par la durée du mandat, et que cette crainte détournera le Représentant des idées dont la réalisation exigerait un certain temps. Mais il n'en saurait être ainsi; car, ne pas faire les grandes choses que réclamerait le pays, ce serait ne pas répondre aux instincts et au désir du peuple français, ce serait méconnaître le génie national et les besoins de notre siècle, ce serait, en un mot, mal gérer, et s'exposer, par cela même, à être remplacé. Il se trouvera, d'ailleurs, quelque cosouverain (1) qui signalera au délégué du peuple ce qu'on pourrait faire pour le pays, si ce délégué s'endormait dans le doux *farniente* d'une administration rendue simple et facile. Et puis, quel est l'homme qui n'a pas en lui une certaine confiance ? L'élu du peuple français sera donc toujours animé de la pensée qu'il restera toute sa vie à la tête du gouvernement; et cette position vaut bien la peine qu'on s'attache à la conserver, en la méritant.

On verra, d'ailleurs, bientôt, que la facilité avec laquelle le délégué peut être changé, lorsque ce changement est résolu par le peuple, fait disparaître les inconvénients et les dangers qu'il semble présenter au premier abord, à tout esprit préoccupé des formes et des erreurs du passé, surtout quand on se rappelle l'émotion et les inquiétudes que nos élections occasionnent, mais occasionnent précisément parce que le suffrage universel n'est pas établi sur des bases et d'une manière rationnelles. Nous sommes encore des enfants en fait de vie publique.

Reste maintenant à examiner la question de savoir si le gouvernement de l'Etat doit être confié à un chef suprême, comme nous le proposons, ou à une assemblée suprême.

Il nous semble que poser la question c'est la résoudre en faveur du premier mode, c'est-à-dire de l'élection d'un Chef suprême, surtout en ce moment et en présence du triste spectacle offert par l'Assemblée législative, laquelle ne nous dévoile pas seulement l'impuissance d'assemblées délibérantes nombreuses, mais qui laisse voir aussi des défauts d'un autre genre, sur lesquels il convient d'étendre un voile pour l'honneur du peuple français, laissant à l'histoire le soin de les enregistrer et de les juger.

Quels résultats, — je le demande à tout homme de bonne foi, — la France a-t-elle obtenus de ses assemblées délibérantes de-

(1) Chaque citoyen est cosouverain.

puis l'introduction de ce système bâtard qu'on appelle le régime parlementaire ? Les *faits* sont là qui répondent énergiquement : ces résultats sont insignifiants ou mauvais.

Le régime de la parole, c'est-à-dire le règne des avocats et des bavards, n'a que trop duré pour le malheur de la France, qu'il a gravement compromise ; il est temps, si l'on veut la sauver, que le règne des administrateurs et des hommes d'affaires, c'est-à-dire le régime de l'action, commence.

Nous avons déjà eu occasion de le dire, pour concevoir, combiner, préparer et accomplir de grandes choses, il faut indispensablement l'unité de vues et d'action, jointe à l'esprit de suite et à la persévérance.

Or, une assemblée, si peu nombreuse qu'elle soit, ne fût-elle que de quelques uns, comme le Gouvernement provisoire de février (1), toujours composée d'éléments hétérogènes, avec ses divisions et ses luttes intestines, avec la mobilité de ses idées, avec les opinions et les passions diverses et opposées qu'elle renferme, ne possède aucune de ces qualités essentielles. La majorité, tantôt d'un côté et tantôt de l'autre, défait aujourd'hui ce qu'elle avait fait hier, et adoptera demain une mesure qu'elle repoussera le jour suivant. Chacun apporte une idée ou un projet qu'il cherche à faire triompher et admettre, et dont le succès ou le rejet dépend moins de sa valeur réelle que des intrigues et des coteries de parti. L'assemblée elle-même n'a aucun plan complet préconçu, aucun système arrêté, aucune vue d'ensemble, et représente une réunion d'individualités égoïstes, presque toujours rivales et hostiles, un atelier national d'ouvriers maçons apportant chacun une pierre taillée à sa façon, sans cohésion entre elles, placées les unes sur les autres, sans direction, sans ordre, sans méthode, sans lien, et ne pouvant, dès lors, former qu'un bâtiment informe et sans solidité. Les *faits* sont encore là qui disent si ce tableau est vrai ou non, s'il est exact ou exagéré.

Tandis que le chef suprême, libre de toute influence mauvaise et de tout embarras, peut au moins travailler, sans se détourner et sans perdre son temps en vaines discussions, à l'accomplissement de l'œuvre qu'il a conçue, et obtenir des résultats qu'on demanderait en vain à tout autre système.

Seulement, comme il n'est pas donné à un homme, si capable qu'on le suppose, de tout savoir et de tout prévoir, il faut que le chef élu soit suffisamment éclairé, non pas à la façon des rois absolus ou constitutionnels des régimes passés,

(1) Jamais pouvoir n'a été plus étendu que le Gouvernement provisoire et n'a été en position de faire de plus grandes choses : qu'a-t-il fait ? Des fautes ou des niaiseries. Qu'a-t-il produit ? La misère. Et pourtant tout était à faire et il pouvait tout faire, notamment développer la richesse pour assurer le bien-être de chacun, au lieu de ruiner tout le monde, — à l'exception de quelques uns.

ni même des chefs républicains dont nous avons essayé, c'est-à-dire par des courtisans basant leurs avis sur les idées et les désirs du maître dont ils dépendent, plus ou moins, directement ou indirectement, et dont ils veulent obtenir les bonnes grâces et les faveurs ; mais éclairé réellement par des conseillers essentiellement libres et indépendants, ne relevant aucunement du chef, dont ils ont, au contraire, mission, sous leur responsabilité particulière, d'éclairer et de contrôler, par cela même, la conduite et les actes, dans l'intérêt du peuple, dont ils émanent et qu'ils représentent directement vis-à-vis du pouvoir.

Quant à la séparation du Gouvernement en Pouvoir législatif et Pouvoir exécutif, elle nous a toujours semblé être une complication plus qu'inutile et très dangereuse, en exposant ces deux pouvoirs à des conflits continuels toujours funestes. Et si elle a une apparence de raison d'être avec l'élection pour un temps déterminé, cette raison n'existe pas avec notre système.

Or, qui peut mieux diriger, exécuter et accomplir que celui qui conçoit ?

La réunion en une même main du pouvoir législatif et du pouvoir exécutif est donc, à tous égards, préférable à la division de ces pouvoirs.

Les *faits* viennent encore nous prêter l'appui de leur autorité, et sont assurément de nature à ne laisser aucun doute à ce sujet dans tout esprit tant soit peu éclairé et de bonne foi.

Le système nouveau que nous proposons, c'est-à-dire la délégation du gouvernement de l'Etat, par le peuple, à un chef suprême élu à vie, mais révocable à volonté, agissant souverainement, mais responsable, assisté d'un conseil national également élu par le peuple, pareillement révocable à volonté, allant se retremper périodiquement à la source de l'élection, mais pouvant être réélu tant qu'il répond à la confiance du peuple ; ce système réunit donc aux avantages de la concentration et de l'unité des pouvoirs absolus les lumières et les garanties qu'offrent, — du moins en apparence, — les assemblées délibérantes, sans avoir aucun des inconvénients et des dangers, si grands et si nombreux, de chacun de ces deux modes surannés de gouvernement.

Nous ferons surabondamment remarquer deux choses :

1° On ne peut pas craindre que le Chef du gouvernement corrompe ou seulement influence le Conseil national : d'abord parce que ni lui ni ses ministres n'ont voix délibérative dans ses décisions ; ensuite parce que les conseillers n'ont rien à attendre du Chef du gouvernement qui puisse exciter leur ambition ; enfin, parce que leur position est assez belle (1) pour

(1) Voir l'art. 82 du projet.

qu'ils s'en contentent et qu'ils y tiennent, et qu'en se laissant corrompre, si on pouvait les corrompre, ils courraient le risque de tout perdre, puisqu'ils sont révocables à volonté.

Le Conseil national, en effet, est, en quelque sorte, solidairement responsable des actes du gouvernement vis-à-vis du peuple ; car, si le chef gouverne et administre mal, le Conseil ne peut s'affranchir de sa responsabilité qu'en prouvant que ses avis ont été méprisés, et, dans ce cas, il aurait à s'imputer de n'avoir pas provoqué le remplacement du chef du pouvoir.

2° On ne peut pas craindre davantage que le chef du gouvernement, disposant souverainement du pouvoir, ne s'en serve au préjudice du peuple : d'abord parce qu'il lui faudrait le concours non seulement du Conseil national, mais encore de tous les fonctionnaires de la nation, notamment dans l'ordre financier, ce qui serait impossible, soit en raison même du nombre de ces fonctionnaires, soit parce qu'il n'aurait aucun moyen de les contraindre ou de les corrompre ; ensuite, parce que le concours indispensable de la force armée lui manquerait également, attendu que, d'après notre système d'organisation, ainsi qu'on le verra lorsque nous nous occuperons de cet objet, il n'y aurait plus d'armée du gouvernement, mais une armée nationale, à peu près indépendante du pouvoir ; enfin, parce que la position de chef suprême ne laisse rien à désirer à l'élu qui répondra dignement à la confiance du peuple, et que la moindre tentative pourrait lui faire perdre cette position. On a vu d'ailleurs que, d'après l'art. 7 du projet d'organisation, le chef révoqué qui résiste à la volonté nationale est traître à la patrie, coupable du crime de lèse-nation, puni comme tel et dépouillé de tous les avantages qu'il aurait pu recevoir précédemment. Celui que le peuple français élira pour chef de son gouvernement devra se trouver assez bien doté pour se contenter d'un pareil lot.

Reste un point dont nous ne parlerons que pour ordre, car il est sans importance réelle. Trouvera-t-on quelqu'un assez capable et assez honnête qui veuille accepter, à des conditions aussi sévères, le mandat de Chef du gouvernement national de France ? Nous laissons à chacun le soin de descendre en lui-même et de répondre.

Voilà donc deux points principaux éclaircis :

1. Le peuple est seul légitimement et absolument souverain.

2. Ne pouvant gouverner lui-même, il délègue, sans la moindre aliénation ou altération de son droit, l'exercice de sa souveraineté, c'est-à-dire le gouvernement et l'administration générale du pays à un chef suprême, assisté d'un Conseil national émanant également du peuple.

Voyons maintenant comment le peuple exercera lui-même sa souveraineté, qu'il ait à élire ou révoquer soit le Chef du gouvernement, soit un ou plusieurs des conseillers nationaux.

Pour que cette souveraineté ne soit pas un vain droit, comme elle l'a été jusqu'ici, et que notre système de délégation du pouvoir ne soit pas une chimère, il faut, effectivement, que l'exercice par le peuple de la souveraineté nationale soit rendue facile.

Le suffrage universel, conséquence rationnelle et nécessaire de la souveraineté nationale, existe, et nous pourrions, à la rigueur, nous borner à rappeler le fait.

Mais cette conquête tardive et inopinée de la Révolution de février, ayant surpris le peuple dans l'ignorance où le régime constitutionnel, avec assemblées délibérantes, le tenait enseveli, a eu le sort des choses auxquelles on n'est pas préparé. Le suffrage universel a été faussé dans son principe, dans son application et dans ses résultats (1). C'est la passion au lieu de la raison, c'est l'erreur au lieu des lumières, qui guident et déterminent les suffrages; c'est l'intrigue et la corruption, au lieu du mérite et de la vérité, qui font les élections. La liberté du vote n'est qu'un mot, par suite des influences de tous genres qui entourent et pressent l'électeur, et le droit de voter est souvent rendu illusoire par les obstacles nombreux, parfois insurmontables, qui en entravent ou en empêchent l'exercice.

Il était donc nécessaire de faire disparaître tous ces inconvénients et de ramener le suffrage universel à la vérité, c'est-à-dire de l'éclairer et de le rendre facile, libre et sincère.

Le mode que nous proposons est-il capable de produire ce résultat si essentiel ? Voyons.

Beaucoup d'électeurs ne votent pas maintenant, parce qu'ils doivent se déplacer et perdre un temps qu'ils ne sauraient impunément sacrifier, dans la situation peu aisée où ils se trouvent pour la plupart, leur travail de chaque jour suffisant à peine à leur existence précaire et misérable.

D'autres sont privés de voter, parce qu'ils se trouvent absents de leurs domiciles au moment des élections, ou que des occupations urgentes ne leur permettent pas de sacrifier toute une journée ou à peu près.

Enfin, il en est qui s'abstiennent par conscience ou par dégoût, pour échapper aux intrigues, aux sollicitations et jusqu'aux persécutions dont ils sont l'objet de la part de tous les partis.

Nous devons également mentionner les citoyens, en plus

(1) « Qu'est-il sorti de l'urne du suffrage universel ? Est-ce la République ? Non. Est-ce la Légitimité ? Non. Est-ce la Régence ? Non. Est-ce le Bonapartisme ? Non. Est-ce une idée ? Non. Est-ce une opinion ? Non. Ce qui en est sorti, c'est un assemblage incohérent de la République, de la Légitimité, de la Régence, du Bonapartisme, tout cela mêlé, mais non fondu ensemble, et produisant, non une alliance, non une affirmation, mais une négation et une neutralisation de forces ! » (*La Presse.*)

grand nombre qu'on ne pense, que l'expérience des hommes et des choses a rendus indifférents et sceptiques, et qui regardent comme un devoir de conscience de s'abstenir, pour rester purs des souillures gouvernementales, dont on accepte, en quelque façon, la responsabilité morale, en se mêlant aux tripotages qu'on appelle élections et servant d'instrument aux passions égoïstes des hommes et des partis.

Avec notre système d'élections, tout le monde peut voter librement et en parfaite connaissance de cause :

On vote où l'on se trouve et au moment qui convient le mieux. Peu importe l'endroit où on vote, pourvu qu'on vote, puisque c'est le nombre des voix qui fait l'élection. La remise de la carte d'électeur et la pénalité attachée au double vote rendent difficile un pareil délit. C'est là, d'ailleurs, une affaire de forme qu'on peut améliorer : — nous ne nous occupons ici que des principes.

On peut ainsi échapper plus facilement aux influences et aux manœuvres, qui se produisent surtout plus efficacement au moment du vote, quand les électeurs sont rassemblés.

Ces influences ne peuvent, d'ailleurs, se produire que rarement, à cause de la pénalité qu'encourent également celui qui les exerce et celui qui s'y soumet.

Enfin, les votes sont plus éclairés, au moyen des assemblées publiques qui ont lieu dans chaque commune, au moins tous les dimanches, conformément à l'article 47 du projet, assemblées qui feront rapidement l'éducation politique du peuple, le familiariseront avec le maniement des affaires publiques, et contribueront puissamment, concurremment avec le bien-être qui serait le résultat certain des institutions positives faisant partie de notre système, à développer parmi le peuple le sentiment de la dignité humaine, la connaissance exacte des droits et des devoirs de chacun, l'indépendance et la vraie liberté.

On le voit, rien n'est plus simple, plus rationnel et d'une application plus facile et plus prompte que notre système de gouvernement : en cinq jours tout au plus un gouvernement est installé ou changé, sans secousse, sans trouble et sans émotion.

Une fois le gouvernement établi, c'est-à-dire le chef et les conseillers nommés, rien encore de plus simple et de plus coulant que le mécanisme gouvernemental et administratif.

Le chef du gouvernement n'est astreint qu'à une chose : consulter le conseil national, tout en conservant sa liberté d'action pleine et entière.

Il choisit ses ministres et détermine leurs attributions. Les ministres ne sont pas des hommes politiques : ce sont des administrateurs préposés à la direction de leurs départements respectifs. Nommés par le chef, ils ne dépendent que de lui et ne sont responsables qu'envers lui. Point de conflits, point de résistances, point de tiraillements, et, au contraire, toujours unité d'idées, de vues et d'action.

La combinaison administrative qui nous a paru être la plus rationnelle est celle-ci :

Un ministre chargé de l'administration des affaires de l'intérieur.

Un second, de celles de l'extérieur.

Un troisième, de l'administration générale des finances ou plutôt du trésor.

Le quatrième, qui aurait le titre de premier ministre et de président du conseil des ministres, remplirait les fonctions de Vice-Chef ou secrétaire-général du gouvernement, et remplacerait le chef quand il serait empêché.

Un directeur général serait placé à la tête de chacune des grandes divisions : — Agriculture, — Industrie, — Commerce, — Travaux publics, — Services publics, — Education publique, — Sûreté publique, — etc., etc. Et dans chaque division, chaque branche spéciale serait confiée à un directeur. Exemple : Dans la division des services publics, il y aurait : le directeur des Postes, le directeur des Chemins de Fer, le directeur des Canaux, le Directeur des Assurances, etc., etc.

De cette façon, chacun ayant sa spécialité, le travail administratif serait à la fois simplifié et, en même temps, élevé à son dernier degré de perfection et à sa plus haute puissance. Là, non plus, point de tiraillements, point de rivalités, point de conflits. Tout partirait d'un même point et convergerait vers un centre commun; tous les services, unis par la même pensée, recevant la même impulsion, marcheraient avec ensemble vers un même but : obtenir et procurer au peuple français, maître souverain pour lequel ou travaillerait, la plus grande somme de bien-être et de satisfaction possible, au lieu de lui demander, comme on le fait à présent, le plus d'argent possible, de l'écraser d'impôts et de réduire à la misère le plus grand nombre des citoyens (1).

Réunion des Administrations.

Achèvement du Louvre.

Palais national du Gouvernement.

Nous avons hésité à parler, et nous dirons seulement un mot pour compléter le chapitre I, de l'art. 12 de notre projet,

(1) Quand nous expliquerons le chapitre 3 de notre projet, qui traite des finances, nous démontrerons par A + B que non seulement l'impôt peut être entièrement aboli, mais encore que la richesse générale peut être développée dans des proportions telles que chacun peut jouir d'un bien-être suffisant, si le pays est bien gouverné et administré.

aux termes duquel les Tuileries et le Louvre, qui serait immédiatement achevé, formeraient un magnifique bâtiment, complet et régulier, qui s'appellerait : *Palais national du Gouvernement*, et dans lequel seraient réunis la résidence du Chef de l'Etat, ainsi que les ministères, le Conseil national, et, en un mot, tout ce qui constitue le gouvernement et l'administration générale du pays.

Cette mesure est effectivement si logique et en harmonie avec notre combinaison gouvernementale, qu'une longue explication à cet égard nous semblerait puérile.

Nous ferons seulement remarquer :

1° Que l'achèvement du Louvre procurerait du travail à de nombreux ouvriers, faciliterait un écoulement considérable de produits de toutes sortes, ranimerait sensiblement des transactions qui languissent, et contribuerait ainsi à la reprise des affaires, au bien-être général, et, par suite, à la tranquillité publique de la capitale ;

2° Que ce serait doter la France d'un monument digne de son génie et de sa grandeur, propre à entretenir chez ses enfants le goût des grandes choses, et chez les autres peuples l'idée de sa puissance ;

3° Que la réunion des administrations gouvernementales faciliterait le travail des bureaux, économiserait du temps, simplifierait les services, procurerait une notable économie sur les frais de tous genres, et offrirait, en outre, au public, une grande commodité pour ses rapports avec le gouvernement.

Et cela saute tellement aux yeux, qu'on ne peut pas s'expliquer comment les divers ministères et administrations se trouvent actuellement séparés et éloignés les uns des autres, ce qui nuit singulièrement à la prompte expédition des affaires et occasionne des dépenses inutiles, très considérables, qu'aucune considération légitime ne justifie, et qui font voir aux plus aveugles avec quelle légèreté les deniers du Peuple sont sacrifiés.

CHAPITRE II.

ADMINISTRATION DES COMMUNES.

Remaniement de la France.

Remaniement de la France et décentralisation administrative : telles sont les deux grandes mesures que réclament également la logique, la justice et les besoins de l'époque.

Pourquoi des départements sont ils aussi considérables en étendue et en population, à côté d'autres qui le sont moins que de simples arrondissements?

Il y a telle commune qui n'a pas 300 habitants, à côté d'une autre qui en a plus de 3,000.

A quoi servent les arrondissements? C'est un fractionnement inutile, souvent funeste, et, en tout cas, fort coûteux; c'est une espèce de fédéralisme administratif départemental. Cette complication des affaires n'offre aucun avantage en compensation des inconvénients et des dangers réels qu'elle présente, des dépenses considérables qu'elle occasionne.

La création des arrondissements est la conséquence logique et nécessaire du système gouvernemental que nous avons précédemment divulgué et combattu, et a été inventé par le pouvoir pour caser des protégés, se faire des créatures, multiplier ses agents, et peser ainsi plus facilement, par l'influence et la corruption, sur le droit et la volonté du peuple, qu'il fallait, à tout prix, étouffer.

Egaliser autant que possible les circonscriptions départementales, cantonnales et communales; agrandir l'étendue du canton et restreindre celle de certains départements, serait donc une mesure qui nous semble d'autant plus à propos, que le *Moniteur* renferme chaque jour des remaniements partiels et locaux, qui prouvent que les populations ne sont pas toutes parfaitement contentes de la division actuelle du territoire.

Disons vite, en passant, qu'il y a beaucoup d'inconvénients à ce que plusieurs communes portent le même nom. Chaque commune doit avoir son nom, pour éviter des erreurs fâcheuses, plus nombreuses qu'on ne pense.

Administration des Communes.

Quant à l'administration des départements et des communes, en ce qui touche leurs intérêts locaux particuliers, n'est-il pas souverainement injuste et déraisonnable, par exemple, qu'une localité qui veut construire un pont, un quai, un port, une église, un monument ou bâtiment quelconque, établir un chemin, etc., etc., ou seulement faire faire la plus légère réparation, soit obligée de se faire autoriser par l'administration centrale, qui n'en finit jamais? Tout le monde connaît ce fait, qui se reproduit journellement, sous d'autres formes et pour d'autres objets : une église menaçant ruine, la commune demanda l'autorisation de la réparer; cette autorisation se fit attendre trois ans, et lorsqu'elle arriva, l'église s'était écroulée.

Qui peut mieux savoir ce qui convient à une localité, que

cette localité elle-même ? Et pourquoi limiter ses volontés, quand elle ne demande rien aux autres localités, c'est-à-dire au trésor public ?

Les départements et les communes doivent donc être affranchis et rendus libres, quant à l'administration de leurs intérêts locaux particuliers, sans toutefois que cette liberté dépasse les limites du droit, comme nous l'avons précédemment expliqué, c'est-à-dire qu'elle puisse nuire à l'intérêt général, comme, par exemple, si un pont devait empêcher la navigation, si un bâtiment ou une place, qu'on voudrait établir, devait contrarier le plan général des voies de communication, etc., etc.; — et en évitant le fédéralisme, c'est-à-dire l'isolement, la division et la rivalité, en évitant que les départements français ne deviennent des cantons suisses, et en maintenant, au contraire, avec soin, l'unité et l'union, qui simplifient les rouages administratifs, et font la force du pays.

CHAPITRE III.

FINANCES.

Dette publique. — Jeux de Bourse. Caisses d'épargnes.

Nous avons si peu de goût pour les détails inutiles, que nous éprouvons quelque regret à allonger notre travail en donnant, sur les dispositions de notre projet relatives à la dette publique, des explications qui nous semblent superflues, tant ces dispositions sont facilement intelligibles pour tout le monde, si peu familier qu'on soit avec ce sujet.

La dette publique existe. Un gouvernement qui représente, — bien ou mal, peu importe, — un peuple honnête et probe, ne peut se dispenser d'être lui-même probe et honnête. Le peuple est, effectivement, un être collectif qui est obligé de faire honneur à ses engagements, c'est-à-dire aux obligations de tous, comme chacun des êtres individuels, c'est-à-dire des citoyens qui le composent, est tenu, sur l'honneur, de payer ce qu'il doit.

En consolidant la dette publique, nous ne faisons donc que consacrer les intentions du peuple loyal de France, et le seul mérite qu'on pourrait accorder à cette disposition de notre projet, ce serait uniquement de répondre ainsi aux calomnies de ces ennemis systématiques et intéressés du peuple qui parlent, à tout propos, de la banqueroute du Trésor comme étant une nécessité et presque une justice.

Le taux normal de l'intérêt a diminué et tend à diminuer encore, à mesure que le crédit, la richesse publique, la prospérité et le bien-être général se développent : il était donc évidemment juste et raisonnable de réduire le taux de la rente de 5 à 4 p. 100.

Et cela nous semble d'autant plus convenable, qu'il était question d'imposer la rente de 1 p. 100 ; que cette mesure eût été équitable, et conforme, d'ailleurs, à la Constitution de 1848, comme à celle de 1830 et à la Charte de 1814, toutes trois violées à ce sujet, lesquelles disposent, effectivement, que tous les citoyens doivent contribuer aux charges de l'Etat, dans la proportion de leur fortune, et que les rentes sur l'Etat, indépendamment d'autres avantages, inhérents à cette espèce de valeur, échappent à cette règle et à ce devoir communs ; et qu'en maintenant l'affranchissement de la rente de tout impôt, c'était établir une compensation satisfaisante pour tout le monde, en même temps qu'elle était plus en harmonie avec notre système financier, d'après lequel tous les impôts doivent disparaître.

La conversion des rentes 4 1/2 p. 100, 4 et 3 p. 100, ainsi que de la dette flottante en rente 4 p. 100, est une mesure qui n'a d'autre mérite que celui de simplifier les choses et de les ramener à la vérité, de diminuer le travail et de fermer la porte à des abus dont les contribuables sont toujours victimes.

Cela aurait aussi l'avantage de faire voir au peuple qu'il ne doit pas avoir une confiance aveugle dans ces génies financiers qui dédaignent les choses simples, à la portée de tout le monde et faciles à vérifier.

Et, en effet, pourquoi quatre sortes de rentes ? Pourquoi une dette flottante ? L'Etat doit tant, il en paie l'intérêt et rembourse le capital quand il a des économies disponibles, et tout est dit. C'est simple comme bonjour. Les grands moyens financiers extraordinaires, comme la dette flottante et autres, ne sont nécessaires qu'avec une administration financière qui ne sait jamais où elle en est, qui use avec complaisance des dépenses secrètes, extraordinaires, etc., et qui a besoin de déguiser sa conduite et de cacher son déficit, comme un débiteur embarrassé qui veut maintenir son crédit. Tout cela devient complétement inutile avec notre système simple, droit et honnête, où l'Etat doit et peut jouer carte sur table et ne tromper personne.

Le paiement des rentes par trimestres, au lieu de n'avoir lieu que tous les six mois, se justifie de lui-même : il est plus commode et plus avantageux pour les rentiers, ainsi que pour l'Etat lui-même, dont les ressources sont journalières et ne se réalisent pas seulement par semestre. Pour les rentiers, l'avantage saute aux yeux.

Quand l'Etat est en mesure de se libérer, il doit subir la loi commune et honnête, c'est-à-dire payer ce qu'il doit. Il doit 100 fr. à celui qui aura 4 fr. de rente : il lui paiera 100 fr., ni plus ni moins, comme un débiteur ordinaire et loyal. Seulement, comme il ne peut pas tout rembourser le même jour et qu'il doit traiter tous ses créanciers également, le sort décidera quels sont ceux qui seront remboursés; sauf à eux à racheter des rentes si cela leur convient.

A l'égard des jeux de bourse, spéculations odieuses que la morale réprouve, que la raison condamne, que la loi défend, mais que le gouvernement encourage et que la justice tolère, au mépris de la conscience publique et des lois écrites, il suffirait de rappeler les scandales de 1840 (M. Thiers étant ministre des affaires étrangères), dont le souvenir soulève de dégoût et d'horreur tout cœur tant soit peu honnête, et qui souillent l'histoire de France, pour justifier la disposition de l'article 19 de notre projet, inutile en droit, mais que l'immoralité gouvernementale et judiciaire de l'époque a rendu nécessaire.

Pour les Caisses d'épargnes, on sait quels ont été l'esprit et le but principaux de leur création, bons en apparence mais détestables en réalité, comme tout ce qui émane du jésuitisme financier que la République de février a trouvé établi et dont elle s'accommode admirablement bien. Absorber, moyennant un intérêt alors minime, les économies du peuple, au préjudice de l'agriculture, de l'industrie et du commerce, pour procurer indirectement des ressources au Trésor, et surtout favoriser l'agiotage sur les rentes et faciliter à une certaine classe le monopole des affaires : telle est l'histoire abrégée et malheureusement vraie des motifs qui ont présidé à l'institution et à la propagation des Caisses d'épargnes.

Il est évident, en effet, que, si les cinq à six cents millions (peut-être plus) que les déposants possédaient dans les Caisses d'épargnes au moment de la révolution de février avaient été utilisés dans l'industrie et le commerce, ils auraient produit, soit à l'industrie et au commerce, soit aux déposants, un avantage supérieur à celui que ce capital obtenait de son placement au Trésor par les Caisses d'épargnes; et que, d'un autre côté, l'industrie et le commerce auraient trouvé dans ce même capital, à un taux raisonnable, des ressources qu'ils étaient forcés de demander, à des conditions souvent ruineuses, aux forbans industriels organisés en véritable monopole.

Impôts. — Revenus.

> « L'impôt est un reste de la féodalité ; c'est
> une espèce de dîme, un droit de suzeraineté
> qui implique contradiction avec la souverai-
> neté nationale. » (... *Plus d'impôts, ou Nou-
> veau système financier.*)
>
> « Les classes inférieures ne jugent un gou-
> vernement que par la quotité de l'impôt. » (*La
> Réforme.*)
>
> « Ce qui agit sur le paysan, ce n'est pas le
> journal qu'il lit, c'est l'impôt qu'il paie. Il y
> a dans les campagnes un propagateur des idées
> socialistes plus redoutable que M. Proudhon,
> c'est le percepteur. Chaque fois qu'un garni-
> saire entre dans une hutte de paysan, il re-
> crute pour le socialisme. » (*Paulin Limayrac.*)

Si un gouvernement est apprécié en raison directe de la
quotité des impôts qu'il exige, le meilleur de tous les gouvernements sera donc évidemment celui qui en affranchira entièrement la population (1).

Or, supprimer les impôts n'est pas seulement chose possible
et logique, c'est encore nécessaire et facile ; et si, dans notre
projet, nous ne proposons la suppression *immédiate* que de
l'impôt des patentes et des impôts et droits quelconques du
trésor sur les substances alimentaires et objets de première
nécessité, c'est d'abord par une prudence que certains pourront trouver exagérée, mais que personne ne saurait raisonnablement blâmer ; c'est ensuite parce que ces impôts sont les
plus odieux, puisque l'impôt des patentes est un obstacle au
droit et à la liberté de travailler, et que l'impôt sur les substances alimentaires et objets de première nécessité, qui atteint
surtout le peuple, est un obstacle au droit de vivre.

L'impôt se comprend sous une monarchie ou tout autre
gouvernement établi sur les bases fausses que nous avons précédemment signalées ; car alors l'état de rivalité qui existe entre la nation et le pouvoir obligent celui-ci, soit à se créer un
entourage et des amis, et, pour cela, à favoriser et corrompre
une partie de la population au préjudice de l'autre partie, —
soit à affaiblir, et, pour affaiblir, à appauvrir la masse des citoyens ; et nul moyen, conjointement avec l'usure et la priva-
tion des instruments de travail, c'est-à-dire du crédit, n'est ef-

---

(1) On n'a pas toujours payé des impôts. Les premiers subsides exigés du
peuple ont été établis en 1302, sous Philippe-le-Bel, à l'occasion de la
guerre de Flandre. Les monarques et les gouvernements ont trouvé l'inven-
tion bonne : ils l'ont maintenue, amplifiée et perfectionnée jusqu'à ce point
que M. Passy, ex-ministre des finances, dans l'exposé des motifs de son projet de loi d'impôt sur le revenu, constatait que l'impôt avait atteint ses limites extrêmes, et qu'il était impossible de lui demander rien de plus, bien
que le déficit du Trésor, s'élevant déjà à près d'un milliard, devait nécessairement s'accroître encore chaque année, par suite de l'excédant des dépenses sur les recettes, et finir par l'accabler.

fectivement plus propre à maintenir les masses dans un état
continu de pauvreté et d'impuissance, de soumission et d'o-
béissance forcées, que l'impôt qui les entoure, les pressure,
et leur arrache souvent jusqu'à une partie des aliments indispensables à leur existence physique. — La pauvreté exclut
l'instruction, l'ignorance et la pauvreté excluent l'indépendance, l'indépendance matérielle et morale exclut la liberté,
et les lumières, l'indépendance et la liberté blessent et ef-
fraient les pouvoirs qui reposent sur le mensonge et l'usurpa-
tion des droits du peuple.

Mais il n'en est pas de même sous un gouvernement vrai et
franchement national, tel que nous le proposons. Là, en effet,
le pouvoir n'étant que le représentant du peuple et agissant
au nom et dans l'intérêt de tous les citoyens, sans exception et
sans distinction, les motifs de division, de corruption et d'affai-
blissement n'existent pas, et rien ne s'oppose, dès lors, à ce
que la prospérité du pays soit développée d'une manière assèz
large pour que tout le monde ait suffisamment de bien-être,
et à ce que chaque citoyen soit éclairé, indépendant et libre.

Or, l'impôt étant une taxe forcée, obligatoire, violente,
vexatoire, établie sur les individus, sur leurs biens, sur leur
travail, sur l'air qu'ils respirent, sur les vêtements qui les cou-
vrent, sur les aliments qui les nourrissent, malgré et contre le
plus grand nombre, il est évident que le plus grand nombre,
une fois devenu suffisamment éclairé, indépendant et libre,
doit le faire cesser. — L'abolition de l'impôt est donc la première tâche et ce sera la gloire d'un gouvernement vraiment
national et réparateur.

Mais comment remplacer l'impôt pour faire face aux dépenses?

En 1791, le système actuel fut substitué à celui de la féodalité, qui avait fait son temps et ne convenait plus aux idées
nouvelles d'alors.

Il faut aujourd'hui remplacer le régime des taxes forcées,
que la raison repousse et que le progrès condamne, par le régime, équitable et plus rationnel, des revenus au moyen de
services rendus.

Le premier blesse les masses, parce qu'il les atteint dans
leur bien-être, dans leur indépendance et dans leur liberté.

Le second ne contrarie personne, parce que celui qui paie
reçoit l'équivalent de ce qu'il donne.

On repousse avec mépris l'agent des contributions, et on
paie l'impôt avec regret.

On accueille bien le facteur qui apporte une lettre, dont on
paie le port sans répugnance.

C'est sur ce principe d'obtenir des revenus au moyen de
services rendus aux citoyens qu'est basé le système que nous
allons développer.

Et comme ce système est avantageux au peuple, puisque
non seulement il le délivre de tout impôt, mais qu'il lui
procure encore d'autres avantages non moins grands, et qu'en
définitive le peuple est souverainement maître, et que le gouvernement, quel qu'il soit, n'est en réalité, quoi qu'on dise et
quoi qu'on fasse, que le délégué, le représentant, le commis
du peuple, nul doute que le peuple ne finisse par exiger l'adoption de ce système. — Un gouvernement prévoyant et sage
dévancerait les justes exigences du peuple, afin de mériter ses
sympathies et d'assurer sa propre existence

Si chaque individu pouvait lui-même se donner le crédit,
s'assurer, porter ses lettres, etc., etc., il le ferait assurément,
afin de garder pour lui la rémunération de ces divers services,
c'est-à-dire l'intérêt, la prime, le port, etc , qu'il paie à autrui.

Mais ce qui n'est pas possible de cette manière, c'est-à-dire
pour chaque individu isolé, devient facile par la réunion des
individus, l'association des intérêts et la mutualité des services.

Si donc tous les citoyens s'entendaient, rien ne leur serait
plus facile et en même temps plus avantageux que d'établir
des banques, chemins de fer, canaux, assurances, etc., qu'ils
feraient gérer, en leurs noms et à leur profit, par un administrateur de leur choix.

C'est là tout simplement ce que, dans notre intérêt et dans
celui de nos concitoyens, nous convions le peuple français à
faire, en lui proposant, notamment, d'organiser, de centrali-
ser dans les mains de l'Etat et d'exploiter, pour le compte de
la nation, le crédit foncier, agricole, industriel et commercial, et les grands services publics, tels que chemins de fer,
canaux, assurances, etc., comme les postes le sont déjà.

Un exemple rendra cette proposition encore plus évidente.

Un jour des spéculateurs se réunirent, formèrent un capital (probablement fictif, mais que nous voulons supposer avoir
été réalisé) et fondèrent une compagnie d'assurances contre
l'incendie. La prime fut fixée à un taux élevé. Ils obtinrent
des bénéfices considérables.

Cet exemple fut bientôt suivi par d'autres spéculateurs, qui
se réunirent à leur tour, avec de nouveaux capitaux, fictifs
ou réalisés, formèrent de nouvelles compagnies et obtinrent
aussi de très beaux bénéfices, bien que le taux de la prime eût
été diminué de beaucoup.

Eclairés par ces précédents, les propriétaires de Paris se di-
rent : puisque les primes payées aux compagnies sont plus
que suffisantes pour acquitter les sinistres, faire face aux frais
d'administration et donner, en outre, des bénéfices considérables, en nous assurant nous-mêmes mutuellement, le capital
de garantie devient inutile, nous pouvons diminuer la prime
et profiter des bénéfices. Ce raisonnement fut aussitôt goûté,

la proposition accueillie, et la Société d'assurance mutuelle immobilière de la ville de Paris créée. Les compagnies spéculatrices, dites à primes fixes, après avoir pris beaucoup plus, ont réduit le taux de leurs primes à environ 30 c. par mille francs de valeur assurée, et la Société mutuelle ne demande annuellement à ses membres qu'une cotisation de 7 centimes.

Et comme tous les propriétaires ne pouvaient pas évidemment gérer et administrer leur Société, ils ont choisi, parmi eux, un homme de confiance, capable et honnête, qui agit pour eux et dans leur intérêt, qui leur rend compte, et qu'ils font, d'ailleurs, surveiller par un comité de tant de membres, également pris parmi eux; et cela marche comme sur des roulettes.

Eh bien! pourquoi le peuple français, éclairé par l'expérience, et peut-être aussi un peu par nos explications, n'imiterait-il pas les propriétaires de Paris?

Nous lui disons donc :

Quelques uns d'entre nous profitent exclusivement, au préjudice des autres, de services qu'ils rendent fort mal, qu'ils font cependant payer fort cher, et dont ils ont, en outre, l'injustice d'exclure le plus grand nombre.

Et, d'un autre côté, nous payons des impôts énormes, nécessités par des dépenses dont le plus grand nombre d'entre nous paie la plus forte part, bien que ces dépenses profitent surtout au plus petit nombre.

Il ne faut plus qu'il en soit ainsi.

Nous tous sommes évidemment plus riches, plus éclairés, et, dès lors, plus solvables et plus puissants que quelques uns d'entre nous, que nous n'excluons pas, d'ailleurs, et, par conséquent, nous pouvons, non seulement faire ce que ces quelques-uns font, mais le faire plus facilement, mieux et avec plus d'avantage. Chargeons donc notre commis, le gouvernement, d'organiser et de gérer pour nous, en notre nom et dans notre intérêt commun, le crédit et les grands services publics, dont un, le service des postes, est déjà établi et fonctionne.

Ceux de nous qui recevront un service en paieront le prix ; ce prix, qui pourra être, d'ailleurs, bien moindre que celui actuellement exigé par les spéculateurs exploitant ces services, puisque nous ne voulons pas, comme eux, faire des bénéfices, servira à payer nos dépenses, et nous nous affranchirons ainsi des impôts et de la dette qui nous accablent. Nous pourrons même, avec l'excédant, favoriser l'essor de notre génie national, en encourageant les lettres, les sciences et les arts, afin que la France atteigne pacifiquement l'apogée de sa gloire, et qu'elle accomplisse dignement sa mission civilisatrice et humanitaire, en conduisant le monde civilisé à la réalisation des destinées humaines, réalisation que le Christ

a commencée par l'affranchissement moral des classes laborieuses.

Nous croyons avoir suffisamment démontré que l'organisation et l'exploitation par l'Etat du crédit et des grands services publics seraient si avantageuses au peuple que ce serait
gravement méconnaître ses droits, sacrifier ses intérêts, en
un mot détestablement gouverner et administrer la France,
que de ne pas adopter ce système. Cependant, avant que d'a-
border l'examen particulier des institutions faisant partie de
notre plan, nous compléterons la démonstration de la proposition soumise à nos concitoyens et coïntéressés en faisant toucher au doigt les inconvénients nombreux et majeurs
inhérents à l'exploitation par les particuliers du crédit et des
services publics.

Hâtons-nous de dire, pour éviter toute équivoque et toute
fausse interprétation, que, si nous pensons que l'Etat ou gouvernement, non pas comme il est établi, mais tel que nous le
proposons, doive concentrer et gérer, dans le sens précédemment indiqué, le crédit national et les grands services publics,
nous estimons aussi qu'il ne doit se faire ni industriel, ni
entrepreneur, ni marchand, et qu'il doit laisser aux citoyens,
libres et aidés par le crédit de l'Etat, l'exploitation de l'agriculture, de l'industrie et du commerce. L'Etat doit faciliter
le travail aux citoyens, et ceux-ci profiter seuls du produit
du travail ; mais il ne doit pas travailler lui-même et faire
concurrence aux citoyens. C'est pourquoi nous proposons
d'abolir le monopole des tabacs et de rendre la culture et l'industrie de ce produit libres comme les autres.

L'exploitation industrielle tend évidemment et légitimement
à obtenir des services qu'elle rend le plus haut prix possible.
Acceptez ou n'acceptez pas ces services, vous êtes libre. Si
vous acceptez, c'est que vous y trouvez votre compte. Par
contre, si les services se multiplient, le prix en diminue, et il
peut arriver que ces services, si bas que soit ce prix, ne trouvent pas à s'utiliser. C'est là une loi économique qu'on ne peut
réglementer entre les individus qu'en violant leur liberté.

Et cela n'a pas lieu seulement à l'égard des affaires de banque ou de commerce : le simple ouvrier fait souvent payer
cher son habileté, et il a raison. Tel tailleur, par exemple,
qui vous fait un habit, compte le drap pour peu de chose; c'est
surtout sa façon que vous payez. Un autre tailleur vous servira à bien meilleur marché. Vous êtes libre de vous adresser
à celui qui vous convient, et vous n'avez rien à dire.

Il en est de même du savant, de l'écrivain et de l'artiste :
tel exige 20 fr. pour une leçon, qu'un autre donnera pour 3 fr.;
un écrit de M. Guizot, de M. Thiers, de M. de Lamartine, de
M. Hugo, etc., se vendra un prix qu'il y aurait folie de notre
part à espérer pour le nôtre, par exemple; Béranger peut faire

un véritable cadeau à quelqu'un en lui donnant le manuscrit d'une chanson, tandis que tel autre poète donnerait ses chansons pour rien qu'on n'en voudrait pas.

Les services se font payer en raison du besoin qu'on a d'eux, ou de l'agrément qu'ils procurent, ou du prix qu'on y attache par suite de considérations diverses, dont les plus communes sont la réputation de l'auteur et la rareté des produits (1). C'est là une condition de la liberté, une loi commune à laquelle personne n'a rien à reprendre et que chacun doit subir sans murmurer (2).

Seulement ces services sont plus ou moins essentiels, et dans l'impossibilité de les tarifer, de les réglementer, c'est pour cela que nous disons à tous nos concitoyens : Organisons le crédit et les grands services publics, parce qu'ils constituent nos principaux moyens de travail et d'action, et que l'industrie particulière, qui s'en est emparée (très *légitimement*, par suite de l'incurie de nos gouvernants), nous les fait, quoique *légalement*, payer trop cher, et que nous ne devons pas être, pour ces principaux éléments, à la merci des caprices et des convenances de cette industrie personnelle.

En effet, le crédit sera suspendu, le cours des affaires arrêté, l'existence des citoyens exposée et la sécurité publique compromise, parce que, dans un moment de crise, des banquiers, — isolés ou réunis, peu importe, — suspendront leurs affaires et garderont leur argent pour ne pas courir des chances trop désavantageuses !

Et on ne peut blâmer ces banquiers d'avoir souci de leurs intérêts et d'être prudents et sages en ne compromettant pas ce qu'ils possèdent. Ils ont raison d'agir ainsi, et ne font là que ce que chacun de nous fait dans sa position et sa sphère d'activité, ainsi que le commande l'instinct de conservation qui existe chez tous les hommes bien organisés.

Comment pourrait-on, d'ailleurs, exiger du banquier, dans

---

(1) On a vu vendre 25 fr. un numéro de journal qui n'avait coûté que 5 cent. Ce numéro était rare ; celui qui l'achetait en avait envie et pouvait, sans nul doute, sacrifier 25 fr. Le vendeur qui profitait de la circonstance n'était donc pas un voleur, ni un usurier.

(2) En fait de publications littéraires il y a beaucoup à reprendre ; il existe de monstrueux abus : le monopole et l'exploitation capitalistes, comme dit Proudhon, ne sont rien en comparaison du monopole et de l'exploitation littéraires. Bien des réputations ne sont pas légitimées par le véritable talent, et ne sont dues qu'à des sacrifices d'argent, à des éloges payés, ou à des complaisances de camaraderie ou d'esprit de parti ; tandis que les auteurs d'un mérite réel restent parfois inconnus, si encore ils ne sont pas volés, lorsqu'ils proposent ou soumettent leurs manuscrits. — Il n'est pas, sous ce rapport, de bois plus dangereux à traverser que les cabinets d'auteurs à renom ou les officines de journaux : ce sont de véritables forêts de Bondy. — Il y a à cet égard quelque chose à faire, et nous l'essaierons un jour. — Mais tous ces abus, si monstrueux et si multipliés qu'ils soient, ne détruisent aucunement le principe de la liberté de vendre et d'acheter, de faire ou de ne pas faire, d'accepter ou de refuser.

un moment critique, qu'il continue ses escomptes, alors que, quoique l'argent soit très rare et les chances de perte beaucoup plus grandes que dans un temps calme, il ne peut pas dépasser le taux d'intérêt fixé pour les situations normales par la loi *égalitaire et socialiste* de 1807, et proportionner sa prime aux chances défavorables qu'il court ?

Car — étrange anomalie ! — on repousse avec raison l'égalité des salaires du *travail*, et on établit l'égalité des salaires du *capital*, c'est-à-dire des instruments du travail ! La loi de 1807 passe le niveau de l'égalité sur les divers services, plus ou moins grands et plus ou moins chanceux, que peut rendre le capital, en fixant un taux d'intérêt uniforme.

Les affaires sont-elles courantes et prospères ? L'argent est abondant et les besoins restreints. Le banquier ne trouvera à utiliser son argent qu'à un taux minime, et quelquefois pas du tout. Mais, par compensation, les prix des objets de consommation se trouvent aussi réduits ; car l'intérêt et ces prix sont à peu près toujours relatifs, ce qui établit l'équilibre.

Mais arrivent une crise et une mauvaise récolte : les capitaux se resserrent, les positions changent et deviennent précaires, et les affaires difficiles et très chanceuses ; l'argent est fort rare et les prix des objets de consommation s'élèvent outre mesure. Le banquier qui, dans une situation normale, dépensait 1,000 fr,, par exemple, est forcé d'en dépenser 2,000. C'est égal, c'est alors lui qui devient le paria de la société et se trouve mis en dehors du droit commun, par l'intelligente et équitable loi de 1807, qui le place dans cette alternative : ou d'exposer son argent sans compensation, ou de cesser ses affaires et de manger son capital pour ne pas mourir de faim. Le public en souffrira, sans doute ; mais peu importe, le principe est sauvé et la loi respectée. Inclinons-nous, avec soumission et humilité, devant la loi de 1807, en attendant qu'elle soit logiquement complétée par une autre loi qui fixera le taux uniforme des salaires, et déclarera que tous les hommes, capables ou ineptes, actifs ou paresseux, auront un prix égal pour des services différents.

Sans doute, il est des professions, et surtout des institutions, comme les banques publiques, par exemple, qui se lient tellement avec l'intérêt public, parce que les intérêts d'un grand nombre d'individus viennent y aboutir, que cette considération sociale leur impose certains devoirs dont la plupart des autres professions se trouvent affranchies ; et cela avec d'autant plus de raison, quant aux banques, qu'elles obtiennent de la société, par le pouvoir, des avantages particuliers exceptionnels. Mais il faut être assez juste pour reconnaître que ces cousidérations, si majeures, si impérieuses et si étendues qu'on les suppose, ne sauraient raisonnablement aller jusqu'à imposer aux banquiers l'abnégation complète de leurs intérêts, le sacrifice de leur fortune. En ouvrant des comptoirs particuliers ou en établissant des banques, les banquiers ont eu principalement en vue de bien placer leurs fonds, de se créer un état, de faire, en un mot, une affaire industrielle, et de prendre leur place au soleil, comme tout le monde ; et personne ne saurait les en blâmer. Les banquiers ne sont pas des fonctionnaires de la nation : ce sont des industriels.

Ne demandez pas aux banquiers d'agir autrement que chacun de nous le fait ; n'exigez pas d'eux une conduite qui n'appartient qu'à ceux à qui vous avez délégué le gouvernement et l'administration de nos intérêts généraux, de notre domaine public, de notre société.

Le crédit ne doit donc pas être abandonné à l'industrie privée, à la spéculation particulière : il doit être concentré, au profit de tous, dans les mains du gouvernement de tous, parce qu'alors l'antagonisme qui existe naturellement entre les banquiers et le public disparaît ; que le gouvernement, possédant tous les éléments de lumière, de puissance et d'action nécessaires, peut toujours agir, selon les circonstances, d'une manière conforme aux intérêts de tous les citoyens, et qu'on ne voit plus, dès lors, se produire ces fluctuations et ces crises financières qui paralysent les affaires, attaquent le bien-être des citoyens, inquiètent leur esprit, compromettent la sécurité publique et jusqu'à l'existence de la société.

Il en est de même des grands services publics, tels que : postes, chemins de fer, canaux, assurances, etc.

N'est-il pas étrange que les chemins de fer, par exemple, cet élément si puissant de l'activité humaine et de la civilisation, se trouvent dans le domaine de l'intérêt privé et de la spéculation ?

D'abord, en envisageant les grandes voies de communication comme des moyens féconds de faciliter les rapports, soit des populations de toutes les parties de la France entre elles et avec la capitale, soit de la France avec les autres nations, n'est-il pas douloureux à songer que ces moyens peuvent être neutralisés ou amoindris, le progrès et la civilisation enrayés et ralentis par la volonté de quelques individus possesseurs de ces voies de communication, qui ne sont, pour eux, que des entreprises industrielles, et dont ils cherchent, dès lors, avec juste raison, à obtenir le plus de profit possible en établissant des prix élevés ?

Est-il raisonnable, d'un autre côté, que l'Etat, en laissant les grandes voies de communication dans les mains des particuliers, quelles que soient, d'ailleurs, les réserves et les conditions qu'il ait pu imposer aux concessionnaires, se mette, en quelque sorte, à la merci de ces particuliers (1), ou se place dans

(1) Nous en avons déjà eu des exemples au sujet du transport des lettres par les chemins de fer, notamment avec celui de Nantes, dont le service postal a été quelque temps suspendu.

la nécessité de violer leur propriété, dans certaines circonstances, ce qui est toujours un très mauvais exemple pour les citoyens, à qui on apprend ainsi à ne rien respecter, puisque le pouvoir ne respecte rien lui-même?

A l'égard des assurances, elles se propagent en France, et on doit s'en féliciter; mais la propagation est lente, parce qu'il y a méfiance de la part du public, trop souvent trompé par la spéculation.

L'assurance contre l'incendie, particulièrement, appliquée partiellement par des compagnies intéressées, est, en quelque façon, une source d'abus et de difficultés sans nombre, une excitation permanente au crime d'incendie pour les assurés, une cause d'égoïsme et d'indifférence pour les non-assurés, et, conséquemment, un élément d'immoralité pour les uns et les autres.

Tout cela disparaît si tous les objets assurables sont assurés par l'Etat; car, tous les citoyens devenant ainsi solidaires les uns des autres, ils se surveillent réciproquement, se doivent et se prêtent de mutuels secours; par suite, les incendies volontaires disparaissent, et, les secours étant plus prompts, les sinistres deviennent infailliblement plus rares et moins désastreux. L'expérience, en effet, prouve indubitablement qu'avant l'établissement des compagnies d'assurances les incendies étaient aussi rares qu'ils sont maintenant fréquents; et lorsqu'un pareil sinistre arrivait chacun s'empressait de porter secours, parce qu'il s'agissait de sauver un citoyen malheureux, tandis qu'on répugne actuellement à s'exposer pour servir les intérêts de compagnies qui spéculent et jouent au feu (1).

En outre, l'assurance terrestre n'est maintenant appliquée qu'à l'incendie, à la grêle et à la mortalité des bestiaux. Ces deux dernières branches sont exploitées d'une façon déplorable, faute d'une organisation convenable assez puissante. Et il est plusieurs autres cas fortuits que la spéculation n'ose pas aborder, et qui laissent les populations, surtout celles de la campagne, exposées à des perturbations désastreuses, à des fléaux qui ravagent annuellement des contrées entières, sèment la ruine et la désolation dans un grand nombre de familles, et coûtent au trésor des sacrifices considérables.

Une *assurance générale terrestre*, établie par l'Etat, mettrait les populations à l'abri de ces calamités, rendrait les revenus fonciers à peu près fixes et certains, épargnerait au Trésor ces sacrifices, et lui procurerait, au contraire, d'importants revenus. (2).

(1) Les compagnies devraient être astreintes à payer les sapeurs-pompiers.

(2) La somme totale des sinistres, comparée au chiffre total des revenus, est fort minime. Les sinistres ne sont funestes et ruineux que parce qu'ils atteignent tantôt les uns et tantôt les autres. Répartis fraternellement et proportionnellement sur tous, ils deviennent insensibles pour chacun, et chacun obtient ainsi, dans ses revenus, une sécurité et une régularité fort précieuses.

Enfin, les assurances sur la vie, qui reposent sur de bons et nobles sentiments qu'on ne saurait trop encourager et développer : ordre, économie, prévoyance, fraternité, seront lentes à se propager tant qu'elles seront livrées à l'exploitation individuelle et éparpillée des compagnies, lesquelles n'offrent évidemment pas aux assurés-associés les garanties et les avantages qu'ils trouveraient dans une seule assurance gérée par l'Etat.

Il est, en outre, une nouvelle branche de services que l'Etat doit créer : ce sont les encaissements de fonds ou recouvrements à domicile.

Tous ceux qui sont dans les affaires savent quelles difficultés présentent les recouvrements à opérer ailleurs que dans les principales villes de commerce, surtout dans la campagne, ou pour de petites sommes, les banquiers ne voulant pas ou ne pouvant pas s'en charger faute de correspondants, et les administrations de voitures publiques ne s'en chargeant qu'à des conditions onéreuses et seulement sur le parcours des lignes desservies par ces voitures.

Ce nouveau service serait le complément logique du transport de l'argent dont la poste se charge déjà. Avez-vous à envoyer de l'argent, elle s'en charge ; mais si vous avez à en faire recevoir quelque part, elle ne s'en charge pas : c'est une lacune.

Aussi bien, l'Etat, après avoir d'abord donné à ferme et en régie le transport des lettres, a reconnu la nécessité de se charger lui-même de ce grand service public, qui est devenu pour le Trésor une source de produits.

Le besoin des temps réclamait des améliorations, dont deux : la réduction de 5 à 2 p. 100 du droit de transport de l'argent et la taxe réduite et uniforme du port des lettres, sont déjà en exécution. Cela n'eût pas été possible, et la France en serait encore à envier ces améliorations à des Etats voisins, où elles sont déjà anciennes, si le service des postes avait été dans les mains des particuliers (1).

Or, il y a identité entre tous les grands services publics, et les motifs qui ont porté le gouvernement à se charger de celui des postes doivent pareillement le déterminer à faire de même pour les autres : la logique et l'intérêt du pays le commandent.

Il nous semble donc tout à fait évident et incontestable que l'intérêt du peuple exige que l'Etat organise et administre à son profit le crédit national et les grands services publics, et que résister à cette exigence ce serait gravement méconnaître sa mission et son devoir.

(1) Il est encore d'autres améliorations à introduire, notamment : — le ttaux de 2 p. 0⁄0 pour le transport de l'argent est encore trop élevé. — La daxe des lettres devrait être réduite : pour l'intérieur des villes à 5 c., et our le département à 10 c.

Ce principe posé et admis, voyons maintenant de quelle manière — sauf à améliorer en exécutant — on pourrait établir le crédit national.

La richesse nationale est de deux sortes principales, à savoir :

La richesse immobilière, c'est-à-dire la propriété foncière ;

La richesse mobilière, c'est-à-dire les produits agricoles, industriels et commerciaux.

Le crédit national doit donc former deux grandes divisions :

Le crédit immobilier ou foncier ;

Et le crédit mobilier agricole, industriel et commercial.

Il doit donc être établi deux caisses et deux grands-livres distincts, à savoir :

La *Caisse générale de la propriété foncière* et le *Grand-Livre du crédit foncier* ;

La *Caisse générale de l'agriculture, de l'industrie et du commerce*, et le *Grand-Livre du crédit agricole, industriel et commercial.*

Crédit immobilier ou foncier.

La Caisse générale de la propriété foncière ouvre à tout propriétaire foncier qui le désire un crédit, garanti par hypothèque, jusqu'à concurrence de la moitié aux deux tiers de la valeur de la propriété donnée en garantie. Un contrat intervient entre l'Etat et l'emprunteur, après vérification des biens et examen des titres. L'hypothèque une fois inscrite et le rang établi, un compte-courant et d'intérêts est ouvert au propriétaire-emprunteur sur le grand-livre du crédit foncier.

Le propriétaire ainsi crédité prend à la caisse, dans les limites de son crédit, les sommes qui lui sont nécessaires, à mesure de ses besoins ; et il y verse, à sa volonté, les fonds dont il peut disposer et dont il n'a pas actuellement l'emploi.

L'intérêt est calculé à raison de 3 p. 100 par an. Le crédité supporte, en outre, un très léger droit de mouvement de fonds.

Le compte-courant est balancé tous les trois mois, et l'intérêt du trimestre expiré prélevé par l'Etat et porté au débit du compte du propriétaire.

Le crédité peut affranchir sa propriété en totalité ou en partie, à sa volonté, en réduisant son crédit ou en soldant son compte.

L'emprunteur ne supporte aucuns frais d'emprunt ni de libération.

Indépendamment des avantages généraux de notre système de crédit national, il en est de particuliers au crédit foncier qui méritent d'être signalés.

Dans l'état actuel des choses, les prêts étant pour les capitalistes dés placements de fonds faits dans leur intérêt, ils ne prêtent que des sommes rondes et ne reçoivent pas de fractions en remboursement (1). L'emprunteur prend donc toujours une somme supérieure à ses besoins. Il n'a pas, d'ailleurs, le plus souvent, l'emploi immédiat de toute la somme empruntée, et conserve ainsi dans ses mains, plus ou moins de temps, un capital quelconque inoccupé ou improductif, dont il paie ainsi l'intérêt sans compensation, et qu'il dépense même parfois inutilement, car rien n'invite à la dépense comme la possession de l'argent. Il en est de même des sommes qu'il réalise dans le courant de l'année par la vente de produits, ou autrement, obligé qu'il est de les garder plus ou moins long-temps, soit en attendant l'époque des paiements qu'il peut avoir à faire à son créancier ou à d'autres, soit parce qu'il peut en avoir besoin un peu plus tard : nouvelle perte d'intérêt, et peut-être aussi de capital. Enfin, obligé de payer à époques fixes, soit l'intérêt annuel, soit le capital au terme du prêt, alors que ses produits se réalisent inégalement et à des époques indéterminées, il est souvent forcé de vendre ses récoltes à vil prix; et si sa récolte lui a fait défaut, il est poursuivi, exproprié et ruiné : voilà le résultat de l'emprunt. — Si cela n'arrive pas au premier retard de paiement, soit de l'intérêt, soit du capital, et que le créancier accorde prorogation de délai, ce n'en est pas moins le résultat final de la plupart des emprunts, la prorogation ne faisant, d'ailleurs, qu'augmenter les frais et aggraver ainsi la position du débiteur. — En province principalement, au moins dans beaucoup de localités, les prorogations sont même à peu près inusitées, et on procède d'une manière encore plus onéreuse pour l'emprunteur : le débiteur en retard de payer un semestre d'intérêt, et poursuivi par le créancier, emprunte de nouveau une somme un peu plus forte, afin de payer, soit à son premier créancier les intérêts en retard, le capital dû et les frais faits, soit à son nouveau créancier un semestre ou une année d'intérêt d'avance, ainsi

(1) Pour échapper à la disposition de la loi sur les obligations, d'après laquelle, le terme étant établi en faveur du débiteur, il pourrait ainsi se libérer à sa convenance avant ce terme, et peut-être aussi par fractions, on a grand soin de stipuler, dans les obligations, que, l'époque de remboursement étant fixée dans l'intérêt du prêteur, comme dans celui de l'emprunteur, cette époque ne pourra pas être devancée, et que le débiteur ne pourra pas non plus se libérer par fractions, mais seulement en totalité. On stipule aussi qu'à défaut de paiement exact des intérêts, le capital deviendra exigible quinze jours ou un mois après l'époque d'exigibilité du semestre non payé. — Tout cela peut paraître rigoureux et cruel, mais c'est juste; car le capitaliste vit de son intérêt, comme le propriétaire de maison vit de ses loyers, le propriétaire de terre de ses fermages, et chacun de nous de notre industrie ou de notre travail. Ce n'est donc pas la faute des hommes, c'est la faute des institutions, ou plutôt celle des gouvernants, qui ne font rien et se soucient fort peu des intérêts du peuple, et plus encore la faute du Peuple, qui est assez stupide pour souffrir cela et s'en contenter.

que cela se pratique le plus souvent, soit, enfin, les frais du
nouvel emprunt. Une fois engagé dans cette voie, le propriétaire ne peut pas échapper à sa ruine : des emprunts suc-
cessifs, toujours de plus en plus considérables, sont contrac-
tés, à des époques rapprochées, jusqu'à ce que la propriété
n'offre plus une garantie suffisante pour répondre d'un nouvel
emprunt: alors elle est vendue judiciairement, à vil prix, avec
complication de frais considérables, et les choses s'arrangent
presque toujours de telle façon que le propriétaire emprunteur,
qui n'a reçu que le montant du premier emprunt, équivalent
à peu près à la moitié de la valeur de sa propriété, se trouve,
au bout du compte, entièrement dépouillé de cette propriété.

Quant au mode d'amortissement des dettes hypothécaires,
dans un laps de temps plus ou moins long, au moyen d'annui-
tés composées de l'intérêt et d'un supplément, ce mode, emprunté aux Etats du Nord (1), où il convient, sans doute,

(1) Il semble à certaines gens que les Français ne sont capables de rien
imaginer, et qu'il faille absolument copier les autres peuples. Tantôt c'est le
régime bâtard, dit constitutionnel ou parlementaire, qu'on emprunte à
l'Angleterre. D'autres fois, c'est le système politique américain que les uns
adoptent, mais en le faussant, et que M. de Girardin voudrait, à toute
force, voir établir chez nous d'après une copie rigoureusement exacte cal-
quée sur l'original. Quant au crédit foncier, c'est M. Wolowski, Polonais
d'origine, qui, par amour filial, réclame à grands cris, partout, toujours et
sous toutes les formes, l'établissement en France du système pratiqué chez
lui, d'où il l'a importé; avec cette observation, pour ordre, que M. Wolowski,
jusqu'en 1848, était partisan de l'organisation du crédit foncier par l'Etat,
qui seul, disait-il alors, était capable d'accomplir cette œuvre; tandis que
depuis 1848 il juge l'Etat impropre à une pareille tâche, et pense qu'elle doit
être confiée à l'industrie particulière, — c'est-à-dire, probablement, à la
Banque de France, cette **MAISON DE CRÉDIT** *du haut commerce*, qui en-
tend si merveilleusement et respecte avec tant de scrupule les intérêts généraux de l'industrie et du commerce, et accomplit à la satisfaction générale, depuis le plus grand jusqu'au plus petit, sa mission sociale d'*institution
nationale et privilégiée du crédit français !*
Nos importeurs de systèmes étrangers voudront bien nous accorder la
permission de leur soumettre, très humblement, cette petite observation :
L'oiseau-mouche mourrait en France, dont le climat serait trop froid pour
lui. Les oranges, cet excellent fruit, si commun et si prisé en France, n'y
viennent pourtant pas comme à Mayorque, à Valence, etc., parce que le terrain leur convient moins. On planterait vainement partout ailleurs les cé-
pages du Médoc: on n'en obtiendrait qu'un vin ordinaire, au lieu de ce nec-
tar si justement renommé qu'ils produisent, parce que la terre du Médoc
leur convient. Cela veut dire que ce qui convient à un peuple, à un pays,
convient rarement à un autre peuple, à un autre pays, et que par conséquent, lorsqu'on veut se livrer à l'industrie de l'importation ou de l'imita-
tion, il faut soigneusement, avant tout, tenir compte des différences de cli-
mats, de besoins, de ressources, de lois, d'idées, de mœurs ou de vices
même existant entre le pays où on prend l'objet à importer et celui où on
veut l'introduire, et savoir approprier cet objet à l'endroit où on veut l'é-
tablir.
Or, le peuple français, généreux, enthousiaste, magnifique, mais inconstant
léger, impatient, ressemble si peu au peuple américain, ce peuple posi-
tif, calme, froid, persévérant et simple, que c'est une inconséquence incom-
préhensible de la part de M. de Girardin, que de vouloir faire endosser au
peuple français l'habit politique américain, qui lui siérait fort mal.
De même, le système Wolowski peut parfaitement convenir à la Pologne

puisqu'il y existe, ne convient aucunement à la France, dont la Constitution territoriale et les mœurs sont différentes, et s'opposent à son introduction et à son établissement efficace, sans modifications essentielles qui le changent entièrement. Il a été essayé, à plusieurs reprises et de différentes manières, par plusieurs institutions, notamment par la caisse hypothécaire, la banque d'amortissement et la caisse de libération des dettes hypothécaires : ces expériences réitérées et concluantes ont prouvé que ce système est impraticable en France.

D'abord, il présente les inconvénients des prêts purs et simples, que nous avons ci-dessus signalés, quant aux paiements obligatoires, à époques fixes, de sommes déterminées, ainsi qu'aux pertes d'intérêts et de fractions de capital.

Ensuite, obliger le propriétaire à payer, pour l'amortissement de sa dette, une prime ou supplément d'intérêt, alors que l'intérêt simple, qui est déjà trop lourd pour lui et l'embarrasse le plus souvent, se trouve, en effet, supérieur à ses revenus, c'est accroître la charge et augmenter l'embarras et le danger, c'est aggraver la position du débiteur, — car s'il ne peut pas payer l'intérêt ordinaire, il lui sera encore plus difficile d'y ajouter la prime d'amortissement (1).

Ce système d'amortissement peut convenir à quelques propriétaires ayant des revenus assurés en dehors de leurs biens, ou dans quelques localités favorisées ; mais il serait, à coup sûr, funeste à la masse des propriétaires-cultivateurs, c'est-à-dire aux habitants de la campagne.

Avec notre système de crédit, le propriétaire ne prend que l'argent qui lui est nécessaire, lorsqu'il va l'employer, et peut utilement verser celui dont il n'a pas actuellement l'emploi, dès qu'il le possède ; il ne conserve donc jamais chez lui la moindre somme improductive, ne paie pas d'intérêt sans

---

et autres États du Nord, sans être applicable à la constitution territoriale, aux lois et aux mœurs de la France. En proposant l'adoption de son système, sans tenir compte des différences essentielles existantes entre ces divers pays, M. Wolowski a donc ou commis une lourde inconséquence, qui nous étonne de sa part, ou prouvé qu'il ne connaît aucunement la constitution, les besoins et les ressources de la propriété rurale de la France, pas plus que les mœurs de ses habitants ; et qu'au lieu de parcourir et de consulter les différentes parties du territoire français, afin de s'éclairer suffisamment, il s'est borné à copier dans son cabinet, à Paris, les statuts des banques foncières de son pays, et à les proposer, légèrement et sans plus de façon, au peuple français, comme pouvant sauver sa propriété territoriale et son industrie agricole, qui en souffriraient au contraire énormément.

(1) Le revirement d'opinion de M. Wolowski, relativement à l'organisation du crédit foncier, complique encore la difficulté et la rend plus grande. Si l'industrie particulière réalisait son projet, elle voudrait sans doute obtenir des bénéfices qui augmenteraient nécessairement l'intérêt. — Il porte cet intérêt à 4 ou 5 p. 0/0, et la prime d'amortissement à 2 p. 0/0, soit en tout 6 ou 7 p. 0/0 par an, et la propriété produit tout au plus de 3 à 4 p. 0/0, terme moyen.

compensation, et échappe à la tentation et à l'occasion de dépenser inutilement son argent.

Ce système, basé sur la constitution, les besoins, le produit
et les ressources de la propriété foncière faciliterait les améliorations agricoles, qui demandent presque toujours beaucoup
de temps, et permettrait aux propriétaires industrieux d'obtenir un revenu supérieur à l'intérêt et de se libérer insensi-
blement. — Il faciliterait aussi les acquisitions territoriales
aux ouvriers laborieux et économes, et ferait ainsi pénétrer
dans leur esprit ou y développerait le vrai sentiment de l'ordre, de la conservation et de la propriété. (V. note 1, p. 74.)

Tout autre système, obligeant le propriétaire foncier à
payer un intérêt supérieur aux revenus du sol, et une somme
déterminée, à époque fixe, ne répond pas aux ressources de
la propriété foncière : c'est un piége au fond duquel se trouvent inévitablement l'expropriation et la ruine du propriétaire : l'expérience de long-temps et de tous les jours est là qui
le prouve sans réplique.

Crédit mobilier ou agricole, industriel [1] et commercial.

La caisse générale de l'agriculture, de l'industrie et du commerce, commandite les entreprises ou opérations de toutes sortes dont elle reconnaît la solidité et les avantages, moyennant
un intérêt, plus une part des bénéfices nets, à titre de prime.

Elle fait, moyennant intérêt, des avances sur consignation
de denrées, marchandises ou autres objets ou valeurs quelconques.

Elle ouvre des crédits aux industriels, commerçants et
ouvriers qui le demandent, moyennant caution ou garantie.

Elle escompte les valeurs qu'elle croit posséder une solidité
suffisante.

En un mot, elle fait, comme institution de crédit et dans le
but de favoriser les efforts individuels des citoyens, en mettant à leur disposition les instruments de travail, c'est-à-dire
le crédit, toutes les opérations de banque et d'escompte com-
patibles avec son caractère, son esprit et son but. Et ces
opérations étant parfaitement connues de tout le monde, il
nous semble absolument inutile d'entrer, à ce sujet, dans des
explications qui allongeraient inutilement ce travail.

Nous ferons seulement remarquer que la commandite proprement dite a principalement pour objet les entreprises ou

[1] Par industrie nous n'entendons pas seulement l'industrie manufactu-
rière, mais toutes les industries, professions ou états quelconques. — De
même qu'un ouvrier travaillant pour son compte et fournissant est regardé
comme industriel.

opérations à fonder, et n'offre pas, dès lors, comme les indivdus établis, la garantie d'une position acquise. C'est pourquoi, la caisse courant, en quelque façon, pour ces sortes de choses, une chance défavorable plus grande que pour les autres opérations indiquées, il est juste qu'elle ait, en compensation, à titre de prime d'assurance, une part des bénéfices, en sus de l'intérêt.

Cette branche de crédit aura, d'ailleurs, d'autres avantages qu'il est bon de signaler :

1° Toute bonne idée est assurée de pouvoir être réalisée, et, dès lors, l'activité individuelle, physique ou intellectuelle, ainsi facilitée, reçoit un salutaire essor et un immense développement, qui favorise, au plus haut degré, l'accroissement des lumières et de la richesse, et la propagation du bien-être dans tous les rangs.

2° Les idées proposées étant soigneusement examinées et justement appréciées, au moyen de tous les éléments que le gouvernement possède, et toute idée mauvaise étant naturellement repoussée, il en résulte qu'il n'y a plus que les bonnes qui se réalisent, ce qui rend les affaires infiniment plus sérieuses, plus solides, et à peu près certaines.

Caisse générale d'assistance publique.

Le propriétaire foncier, l'agriculteur, l'industriel et le commerçant, en état de travailler et de recevoir, par leur position, le crédit de l'État, utilement pour l'un et pour l'autre, de même que celui qui, possesseur d'une idée utile, veut en tirer parti, tous ont donc maintenant à leur disposition, au moyen des caisses générales de la propriété foncière, de l'agriculture, de l'industrie et du commerce, les instruments de travail nécessaires.

Mais, à côté des propriétaires fonciers et des individus exerçant une profession ou ayant une idée utile, il en est d'autres qui ne sont pas propriétaires, n'exercent aucune profession ou ne sont pas établis et travaillent pour compte d'autrui : tels sont les rentiers, employés et ouvriers à la journée ou à la façon. Pour ceux-là, la caisse générale d'assistance publique vient à leur secours, lorsqu'ils en ont besoin, en attendant la réalisation de leurs ressources, en leur faisant des avances garanties par délégation de ces ressources ou autrement.

Pour les employés et ouvriers de tous genres, jusqu'à ceux au service de la maison ou de l'individu, qu'on appelle, par abréviation, domestiques, des registres d'offres et demandes d'emplois, par catégories professionnelles, tenus dans chaque mairie de France, facilitent à chacun l'utilisation de ses facultés et de ses moyens de travail, en même temps que cette mesure offre à l'Etat, pour ses avances, une garantie au moins aussi réelle et aussi sûre que celles que présentent la plupart des opérations ordinaires de prêt, de banque et d'escompte.

Une remarque générale est à faire relativement à notre système de crédit, c'est que chaque individu recourant au crédit de l'Etat est tenu d'assurer ses valeurs mobilières et immobilières, ainsi que son existence, au moyen de l'*assurance générale terrestre* et de l'*assurance générale sur la vie* établies et exploitées par l'Etat, qui obtient ainsi, pour ses opérations de crédit, une sécurité réelle des plus grandes, indépendamment de ce que le gouvernement, tel que nous le proposons, et qu'on pourrait, pour ainsi dire, appeler le *gouvernement mutuel*, a des éléments de lumière et d'appréciation, ainsi que des moyens d'action plus étendus, plus puissants et plus efficaces que qui que ce soit, et qui rendent les opérations de crédit bien moins chanceuses que les opérations ordinaires de cette nature.

Voilà donc toute la portion valide de la société (nous allons nous occuper des invalides) pourvue, par le crédit, des instruments de travail, et, par le travail, des moyens de vivre.

Une conséquence d'une immense portée résulte de ce système, c'est que toutes les transactions humaines se feront désormais au comptant.

Un produit quelconque a nécessité un capital quelconque. Tout capital employé exige, comme tout travail, la rémunération de son utilité. Tout produit livré par le producteur de la matière première, c'est-à-dire l'agriculteur ou fabricant, par le fabricant à l'industriel ou au marchand et par le marchand ou l'industriel au consommateur, représente donc un capital réel, indépendamment du bénéfice de la main-d'œuvre et de la vente. La vente n'est au fond et ne doit être qu'un échange d'une valeur contre une autre. Lorsque le producteur livre à crédit au fabricant, ce dernier au marchand ou à l'industriel, et celui-ci au consommateur, le producteur, le fabricant, l'industriel et le marchand font donc une opération de banque : ils prêtent un capital.

Or, d'un côté, cela rend indispensable pour eux la possession d'un capital, dont ils paient l'intérêt au banquier ou au capitaliste ; d'un autre côté, en faisant crédit, ils courent les chances des opérations de banque, chances encore plus mauvaises que celles des banquiers, qui connaissent mieux leur clientelle, et ont, presque toujours, plusieurs débiteurs pour un, tandis que le producteur n'a que le fabricant, le fabricant le marchand ou l'industriel, et celui-ci le consommateur ; enfin, cela complique les transactions, augmente le travail et multiplie les frais d'exploitation, en nécessitant des écritures et des courses de tous genres. Le prix des produits livrés à crédit est donc nécessairement augmenté, soit de l'intérêt du capital, soit de la prime de banque, soit des frais d'écritures, recouvrements, etc. ; et la preuve c'est qu'on achète toujours à meilleur marché en payant comptant.

Or, toute élévation de prix diminue la consommation, et, par suite, le travail et l'écoulement des produits de toutes sortes. Si, pour 300 fr., je ne puis avoir que deux habits au lieu de trois, on emploiera moins de main-d'œuvre, de drap, de fil, de laine, de chanvre, etc., etc. ; et on doit tendre, au contraire, à multiplier la consommation en abaissant, autant que possible, les prix des objets et les mettant ainsi à la portée du plus grand nombre.

Tel sera évidemment le résultat de notre système, basé sur ce principe : *Simplifier les choses et les ramener à la vérité*, et qu'on peut résumer ainsi, quant à l'objet qui nous occupe en ce moment :

L'individu qui vient acheter mérite crédit ou il n'en mérite pas. Dans le premier cas, c'est à la caisse de crédit qu'il doit s'adresser. Dans le cas contraire, on ne doit pas lui livrer de marchandise.

On va voir qu'au moyen de nos bons nationaux et de notre système monétaire les transactions au comptant ne présentent aucune difficulté matérielle d'exécution.

Bons nationaux. — Espèces.

Comme on l'a vu par notre projet de Charte (1), il est créé des bons nationaux de 5 fr. à 10,000 fr.

C'est par ce moyen, et avec le produit soit de la vente des *biens nationaux*, soit de la *caisse nationale patriotique*, que l'Etat fera à la propriété foncière, à l'agriculture, à l'indústrie, au commerce et aux particuliers, les avances qu'ils seront en état de recevoir et d'employer utilement.

Examinons la valeur de ces bons nationaux.

Ils représentent tous une valeur correspondante, ayant actuellement cours.

En effet :

Une partie du capital formé avec ces bons est sûrement garantie par un gage immobilier, ample et certain, c'est-à-dire par une hypothèque sur des immeubles d'une valeur supérieure à la somme avancée. Sous ce rapport, ils équivalent aux contrats hypothécaires, généralement considérés comme les valeurs les plus solides, sinon les plus commodes.

Une autre partie du capital repose sur des consignations ne laissant aucune chance de perte.

Une troisième partie a pour objet les opérations de banque et d'escompte ordinaires, comme la Banque de France. L'exi-

______
(1) N'est-elle pas une véritable Charte du Peuple ?

stence de cette banque et de ses billets au porteur nous dispen-
serait, à la rigueur, de toute explication; mais nous voulons détruire toutes les objections qu'on pourrait faire, de
manière à convaincre les plus incrédules.

On dira, par exemple, que, si la Banque de France inspire
tant de confiance, et que, par suite, ses billets sont si recherchés, c'est qu'elle limite à un petit nombre de personnes choi-
sies ceux dont elle admet les valeurs à l'escompte, et qu'elle
échappe ainsi aux éventualités de l'inconnu; tandis que, notre
système de crédit s'étendant jusqu'aux dernières limites du
possible, les chances défavorables sont plus nombreuses.

Cette objection, la seule qu'on puisse présenter avec quelque apparence de raison, est pourtant spécieuse et manque de
fondement et de justesse.

D'abord, en crédit comme en assurance, les chances sont
relatives au nombre des opérations. Plus le nombre des débiteurs sera grand et plus le capital sera divisé, moins il y aura,
en fin de compte, de non-paiements. En étendant le crédit à
tout le monde, nous lui donnons une base sûre, qu'il ne possède pas dans des limites restreintes.

Ensuite, ce serait une grande erreur que de croire que parmi les classes inférieures de la société, notamment dans ce
qu'on appelle le petit commerce et la petite industrie (dédai-
gnées par la Banque de France, parce que ses affaires choi-
sies sont assez considérables et lui donnent d'assez beaux bénéfices), il y a moins de sécurité que parmi les industriels et
commerçants d'un ordre plus élevé. Ces derniers sont plus
riches, sans doute, et font des affaires plus considérables et
plus avantageuses; mais aussi ils se livrent à des opérations
plus chanceuses, à des spéculations qui peuvent les ruiner
d'un moment à l'autre, s'ils ne réussissent pas; tandis que les
petits industriels et commerçants ne font que des affaires courantes et peu considérables, moins avantageuses, sans doute,
mais aussi à peu près sûres, quand la société se trouve dans un
état normal. Et si, parmi cette classe, on voit de fréquentes
faillites (1), cela doit être principalement attribué au manque
de crédit, qui les met à la merci des usuriers, ou quelquefois
même les empêche de continuer leurs affaires, bien commen-
cées et en bonne voie, faute de quelques avances.

Enfin, pour être généreux et tutélaire envers tous, l'Etat
n'est pas obligé de se montrer aveugle et imprudent, et son devoir
même, comme gérant des intérêts de tous, l'oblige à ne pas
sacrifier ces intérêts par trop de légèreté, de complaisance ou
de faiblesse. — Il ne faut pas non plus oublier ce que nous
avons déjà dit : par tous les moyens dont il dispose, l'Etat est

_____

(1) Je crois que, relativement, les faillites sont moins nombreuses dans le
petit commerce et la petite industrie que dans les régions plus élevées.

toujours mieux renseigné que qui que ce soit, et peut, pour ainsi dire, agir à coup sûr.

Il est donc permis de conclure que, sous ce rapport, les bons nationaux présentent une solidité encore plus grande que les billets de la Banque de France, qu'ils remplaceraient avantageusement.

Reste la portion afférente aux opérations de commandite des entreprises à fonder.

On sait quelle faveur s'attache aux entreprises dans lesquelles le gouvernement intervient, ne fût-ce que pour en examiner les statuts et autoriser les compagnies à se former en sociétés anonymes.

Alors donc que l'Etat y est intéressé par les avances qu'il fait, son concours ne saurait être ni moins sérieux, ni moins efficace; et on a déjà vu que ce concours a notamment pour effet de rendre les affaires sûres.

Les actions des bonnes compagnies ont cours et sont recherchées : les bons nationaux, remplaçant ces actions, méritent d'autant plus de crédit que l'agiotage, qui entoure maintenant toutes les affaires de commandite, et rend souvent mauvais un titre qui devait être bon, n'existe plus.

Il est donc de toute évidence que les bons nationaux, reposant, comme les contrats hypothécaires, les actions et les billets de banque, sur des immeubles, sur des valeurs mobilières, sur de bonnes entreprises, en un mot sur des gages certains, offrent toute sécurité et méritent toute confiance. Et l'assimilation qu'on pourrait faire de ces bons avec d'autres valeurs du même genre, anciennes ou modernes, notamment avec les assignats ou papier-monnaie (mots dont on se sert pour effrayer les ignorants, de même qu'on fait peur aux oiseaux avec des hommes de paille plantés dans les champs), cette assimilation manquerait donc de fondement et de vérité, et ne pourrait être faite que par des ennemis du sage et véritable progrès, intéressés à tromper le public.

La suppression des espèces ayant actuellement cours n'est pas seulement une mesure complétive de la création des bons nationaux, elle est aussi logique et utile.

Quelles que soient l'estime et la confiance que méritent les bons nationaux, même avec le cours forcé, les pièces d'or et d'argent leur seraient préférés par certaines gens et deviendraient l'objet d'un agiotage et de spéculations coupables, comme on l'a vu à l'égard des billets de banque.

L'or et l'argent sont des métaux recherchés avec lesquels se fabriquent des objets à l'usage des individus ; c'est en priver, sans utilité, l'industrie, et par suite les individus, que de les conserver comme signe d'échange, sous forme de monnaie, ce signe pouvant tout aussi bien être en papier, comme il pourrait être en tout autre objet, attendu que sa valeur est essentiellement conventionnelle. Supprimer les espèces, c'est enrichir le pays d'environ trois milliards de matières versées dans l'industrie et le commerce ; c'est diminuer le prix des objets d'or et d'argent et les mettre à la portée d'un plus grand nombre de personnes ; c'est substituer la vérité à l'erreur, la réalité à la fiction.

La seule objection qu'on puisse faire à cette mesure, c'est que, l'or et l'argent ayant à peu près partout la même valeur, ils servent de moyen d'échange entre les différentes nations d'Europe et quelques autres.

Cette objection a une valeur relative qui ne peut faire obstacle à la suppression des espèces, attendu que les monnaies des différents États, quoique ayant effectivement une valeur absolue à peu près égale, comme matière et au poids, n'ont cependant pas cours comme monnaie ou signe d'échange dans les États étrangers. La pièce d'or de Russie a bien en France la valeur absolue de son poids comme matière d'or, au cours de l'or ; mais elle n'est pas acceptée comme pièce de monnaie courante. Le Russe qui vient en France avec ses roubles est obligé de les changer contre des pièces françaises, et *vice versa*.

Or, ce change aura lieu de la même manière qu'à présent : l'étranger qui viendra en France y changera les valeurs de son pays contre des bons nationaux ; de même que le Français qui ira à l'étranger changera ses bons nationaux contre des valeurs étrangères, soit en France même, soit dans les pays étrangers, tout comme on change de l'argent pour de l'or quand on veut voyager. Ce change de valeurs-papier a déjà lieu, ainsi qu'on peut s'en convaincre en visitant les comptoirs des changeurs, où on trouve des billets de banque de tous les grands États.

Quant à la monnaie d'appoint que nous émettons, il nous a semblé qu'à cet égard, comme à peu près en toutes choses, le plus simple est le meilleur. *France* d'un côté, et de l'autre l'indication de la valeur et le millésime de l'émission, c'est tout ce qui est nécessaire pour donner à une pièce de monnaie une valeur convenue.

Il me semble que quelqu'un, — M. de Girardin, je crois, — a émis le vœu que tous les États d'Europe adoptassent un signe commun d'échange. Peut-être que la mesure prise en France de supprimer les pièces d'or et d'argent, et d'adopter une mesure d'appoint aussi simple que celle que nous proposons, contribuerait à la réalisation de ce vœu, auquel l'établissement des voies de communications internationales, et les rapports, de plus en plus fréquents et multipliés, des peuples entre eux, donnent le caractère d'une nécessité qu'il faudra bien satisfaire un jour. Il dépendrait de la France que ce jour fût prochain.

Biens nationaux.

Rien ne justifie la possession par l'Etat des biens nationaux dits de la liste civile. Cette possession se comprenait, en quelque façon, sous un gouvernement monarchique ; mais elle ne s'explique pas et ne saurait être tolérée sous le gouvernement national que nous proposons. Ces biens ne produisent tout au plus, terme moyen, que 2 p. 100, et il en est qui ne produisent absolument rien, tandis que l'Etat paie l'intérêt de sa dette à raison de 5 p. 100. C'est donc fort mal entendre et mal gérer les intérêts du peuple, à qui ces biens appartiennent, que de les conserver et de perdre ainsi, chaque année, une somme considérable formant la différence du produit obtenu à l'intérêt payé.

La disposition de notre projet d'après laquelle ces biens doivent être vendus est donc réellement conforme aux vrais intérêts du peuple, et ne saurait rencontrer de contradicteurs.

Cette vente peut avoir lieu par voie de loterie ; on obtiendrait, de cette manière, le prix réel de ces biens.

Caisse nationale patriotique.

Le sentiment national et le dévoûment à la chose publique se développeront en raison directe de la moralisation du pouvoir, du dévoûment de lui-même à la société qu'il représente, et de la satisfaction des besoins de chacun. Tel individu qu'aucun lien n'attache particulièrement à personne pourra d'autant mieux penser à tous et donner à tous, que personne n'aura plus particulièrement besoin, n'excitera sa commisération et ne sollicitera sa générosité.

Beaucoup de dons faits précédemment soit à des individus, soit à des communes, soit à ou pour des établissements d'utilité publique ou de bienfaisance, soit enfin pour d'autres destinations, seront, à l'avenir, faits à la nation, dont le gouvernement rendra ces dons aux individus, aux communes, etc., à peu près inutiles, en s'attachant à satisfaire, autant que possible, tous les besoins collectifs ou individuels. Exemple : Paul voulait faire un don pour fonder un hospice ; mais c'est inutile, parce que le gouvernement y a suffisamment pourvu : ce don sera fait à la nation.

Qu'on suppose aussi des besoins extraordinaires, par suite de guerre ou autrement : la caisse nationale patriotique se remplira sur l'heure.

Aujourd'hui, qui serait assez simple ou assez aveugle pour faire un don à la nation, —à moins que ce ne fût par spéculation,—alors que chacun sait combien les deniers publics sont légèrement gaspillés et sacrifiés par le pouvoir ?

Établissement d'asile. — Mendicité.

Nous n'admettons pas l'aumône, que repousse énergiquement la dignité humaine, qui ne se conçoit pas et qui ne doit pas être permise ou tolérée chez un peuple libre et civilisé, dans une société bien organisée et bien gouvernée. L'aumône est un moyen d'orgueil et d'oppression pour celui qui la fait, une humiliation injurieuse et avilissante pour celui qui la reçoit. C'est une infirmité sociale qui accuse péremptoirement les vices de notre constitution sociale et politique, et de notre système gouvernemental (1).

Nous ne concevons que deux catégories de citoyens : les valides et les invalides ; ceux qui peuvent travailler, ou qui ont de quoi vivre sans travailler, et ceux qui ne peuvent pas travailler ; — et quiconque n'a pas de moyens d'existence acquis doit pouvoir vivre en travaillant, mais doit travailler pour vivre.

Aux valides, la société prête les instruments de travail, moyennant une rémunération qui compense ce service et laisse ainsi l'individu libre, même moralement, vis-à-vis de la société.

Aux invalides, sans moyens d'existence acquis, une société civilisée, et par conséquent humaine et fraternelle, doit l'asile et la vie (2).

La mendicité doit donc être absolument interdite.

Traitements et Pensions.

Pour être bien servi il faut bien payer. Tout le monde sait cela et chacun le trouve juste, du moins pour soi, si on le conteste pour les autres (3).

Si l'on veut qu'un fonctionnaire ou employé s'occupe exclusivement de son travail, et qu'il se dévoue à ses fonctions ou à

(1) « Toute société civilisée où règne le paupérisme, où le travail de l'homme ne suffit pas à son existence et où se rencontre l'extrême richesse à côté de l'extrême pauvreté, est une société mal organisée, et, dès lors, sujette aux ébranlements. » (*Examen critique du siècle et plan d'améliorations sociales.*)

(2) « Aimez-vous les uns les autres. » (LE CHRIST.) L'amour est toute la loi.

(3) Nous en avons eu la preuve depuis Février surtout. Les républicains de la veille, qui, sous la monarchie, criaient à tue-tête qu'on donnait de trop forts traitements, qu'on cumulait, qu'on gaspillait les deniers des contribuables, sont ceux qui ont le plus exigé, cumulé et gaspillé.

Lorsqu'un employé ou un ouvrier est obligé de laisser son atelier ou son bureau pour se reposer ou pour vaquer à ses affaires personnelles, le paie-t-on quand même ? Non. Quand un représentant va se reposer ou soigner ses intérêts personnels, parfois des mois entiers, le paie-t-on ? Oui... Qui paie ? Le peuple. Qui fait les lois ? Les représentants !..... Laissez passer la justice des hommes.....

son emploi, de même que si l'on ne veut pas qu'il recherche le tour de bâton, il faut absolument : 1° que sa conscience ne lui crie pas à chaque instant : Je ne suis pas rémunéré selon mon travail ; — 2° que sa rémunération soit suffisante pour qu'il puisse raisonnablement s'en contenter ; — 3° qu'il ne soit pas inquiet pour son avenir.

Comment ! nous vivons dans un siècle où le crédit, la puissance, le respect, la considération, tout, en un mot, jusqu'au talent, pour ainsi dire, ou du moins à la réputation, se mesure aux piles d'écus qu'on possède, aux habits qu'on porte, au luxe qu'on affiche, au train qu'on mène, et vous donnez aux fonctionnaires et employés, c'est-à-dire aux serviteurs de la nation, des traitements qui ne peuvent pas suffire à leurs besoins, — naturels ou sociaux, réels ou fictifs, peu importe, car les besoins sociaux, une fois nés, deviennent, pour la plupart, aussi impérieux que les besoins naturels, et quelquefois même davantage !—Et vous exigez d'eux un dévoûment et une probité dont ils cherchent vainement, d'ailleurs, l'exemple autour d'eux ! Ignorez-vous donc que, grâce à la corruption exercée par le pouvoir, nos mœurs sont relâchées, et que, dans notre société pourrie, le sentiment du devoir est éteint, le désintéressement, le dévoûment à la chose publique et la vraie philosophie n'ont plus cours ?... Insensés ! Vous voulez gouverner des hommes, et vous ne connaissez pas le cœur humain ! Vous voulez diriger une société, et vous en méconnaissez aussi grossièrement l'esprit, les idées, les mœurs, les vices, les tendances et les besoins les plus prononcés et les plus rigoureux !

Quelle mine voulez-vous que fasse, par exemple, un conseiller de *Tribunal d'appel* (1), dans une grande ville, avec un traitement de 250 fr. par mois, alors que le plus petit commerçant et jusqu'à beaucoup de commis et d'ouvriers gagnent davantage ? Il ne peut donc pas être conseiller s'il n'a pas de fortune ! Les fonctions de conseiller sont donc un privilége de la fortune ! — Comment voulez-vous qu'un employé à qui vous donnez 50 à 60 fr. par mois résiste au besoin d'améliorer sa position et de donner un morceau de pain de plus à sa femme et à ses enfants, et repousse la main *généreuse* qui lui offre une *gratification* pour fermer les yeux ou passer par-dessus certaines prescriptions ? Le faites-vous vous-mêmes, hauts fonctionnaires de la nation ? L'*affaire* Teste, Despans-

(1) On comprend, jusqu'à un certain point, que sous une monarchie, qui a une cour, on dise cour d'appel, cour de cassation, cour d'assises ; mais cette désignation n'a plus aucune raison de subsister sous un gouvernement national, le peuple, seul souverain, n'ayant pas de cour. C'est illogique, d'ailleurs ; on dit : tribunal de paix, tribunal correctionnel, tribunal de première instance ; on doit dire : tribunal d'appel, tribunal de cassation. La justice se divise en différents degrés, et voilà tout.

Cubières et consorts (qu'on n'a pas pu éviter, peut-être, mais qu'on n'était pas fâché non plus d'avoir, pour montrer à la foule ignorante et crédule, qui ne connaît pas les secrets de coulisse, mais qui était devenue soupçonneuse, surtout depuis les affaires de bourse de 1840, sous M. Thiers, qu'on était juste et sévère envers tous et qu'on savait faire respecter la morale publique outragée et punir l'improbité, si haut placés que fussent les auteurs); cette affaire nous dispense d'en citer d'autres qui prouveraient évidemment que les sommités ne sont pas plus à l'abri de la tentation que les modestes employés, dont les traitements sont réellement insuffisants à leur existence et à celle de leur famille, et ne répondent pas au travail qu'on exige d'eux.

En élevant un peu les traitements actuels, dès à présent, comme un commencement de justice, et en attendant que la nouvelle organisation gouvernementale et administrative ait permis de classer les fonctions, et que les revenus nationaux, devenus assez abondants, permettent de rétribuer équitablement toutes les fonctions nationales, nous ne faisons qu'obéir à la conscience publique, qui veut que chacun soit rétribué selon ses œuvres et son utilité.

Oui, exigez du serviteur de la nation, à quelque degré hiérarchique qu'il se trouve placé, exigez de lui qu'il se dévoue exclusivement, sans réserve et sans arrière-pensée, au service qu'on lui confie et qu'il accepte librement ; exigez qu'il exécute ce service dignement et avec probité ; châtiez la moindre infraction, et brisez, sans pitié, le serviteur infidèle. Mais, pour avoir ce droit, commencez vous-même par remplir votre devoir et par être juste envers le serviteur, en rémunérant équitablement ses services, en lui donnant de quoi satisfaire ses besoins, et lui ôtant, ainsi, jusqu'au prétexte de la nécessité (1).

Il nous a toujours paru souverainement injuste de subordonner le droit à la pension à une durée fixe de service, surtout aussi longue que celle actuellement exigée, et nous croyons que la pension doit toujours être accordée, — du moins après quelques années de service, — et proportionnée à cette durée. Indépendamment de ce que cela nous semble juste, cette mesure aura pour résultat de tranquilliser les serviteurs de la nation et de les attacher davantage à leurs fonctions, qui, d'ailleurs, ne sont et ne peuvent pas être rétribuées

(1) « *L'intérêt est le mobile des actions de l'homme.* » Et par intérêt il ne faut pas entendre seulement l'intérêt matériel, mais toute considération déterminant nos actions: l'honneur, le désir de gagner le ciel, l'amour, la passion, l'estime de soi ou celle du prochain, etc., etc., sont autant de variations d'intérêt ou mobile de nos actions. Le désintéressement et l'abnégation eux-mêmes, qui sont des vertus, ont une cause, et cette cause est un intérêt, à moins qu'ils ne soient le résultat de cette espèce d'état négatif qu'on nomme indifférence.

de manière à leur permettre de faire fortune, comme cela a lieu dans les affaires particulières. Il faut que, s'il n'a pas, avec son emploi, le moyen de faire fortune, le fonctionnaire ou employé de la nation ait, du moins, une existence convenable, assurée, — autant que cela est possible, car il n'est rien de parfait dans l'humanité.

C'est dans le même but, et pour l'atteindre plus sûrement, que nous voulons, en outre, que tout fonctionnaire ou employé souscrive une assurance sur la vie.

Recettes et Dépenses.

Pour compléter l'explication du chapitre III, relatif aux finances, il nous reste à présenter un aperçu des résultats pécuniaires, c'est-à-dire des recettes et dépenses du gouvernement national que nous proposons, et à dire un mot de l'art. 31 de notre projet de Charte, d'après lequel toutes les recettes et dépenses du gouvernement ont réellement lieu au ministère des finances, et sont inscrites par ordre de numéros et de dates, avec indication des noms et des causes, sur deux livres spéciaux : le livre des recettes et le livre des dépenses ; — les autres ministères ne faisant qu'ordonnancer les recettes et dépenses de leurs départements respectifs.

Cette dernière mesure se justifie d'elle-même, et chacun en comprend les motifs, le but et la portée.

Le trésor est maintenant une gamelle où chaque ministre puise à pleine cuillère, et nous pouvons dire, sans craindre de commettre la plus légère médisance, puisque c'est le secret de paillasse, que chaque ministre ne se fait faute d'user du cadre élastique et complaisant de son budget secret, particulier, extraordinaire, etc. La comptabilité est parfaitement régulière, pour la responsabilité du ministre des finances, quand elle est appuyée d'un reçu de tel ministre, à qui telle somme a été comptée tel jour. Quant à savoir qui a profité de cette somme, le ministre des finances n'a pas à s'en occuper.

Le plus simple bon sens dit que c'est là un vice et un abus qui ne peuvent se concilier avec un gouvernement national, et que nous faisons disparaître.

Recettes.

Les recettes du Trésor consisteront notamment dans celles suivantes :

1. Avances à la propriété foncière, environ 6 milliards (1).

(1) La dette hypothécaire s'élève à environ 14 milliards, dont 6 à 8 milliards de dettes exigibles. Or, il est évident que, ces dettes étant onéreuses aux débiteurs, ils emprunteront immédiatement à l'État pour s'en libérer, ce qui donnera au Trésor, dès la première année, un revenu certain considérable.

Ce chiffre sera certainement dépassé, soit parce que beaucoup
de propriétaires qui n'empruntent pas maintenant, par suite
des conditions onéreuses des prêts hypothécaires, demande-
ront des avances à la Caisse générale de la propriété foncière,
pour introduire dans leurs domaines des améliorations dont
ils se privent, par prudence, parce qu'elles n'eussent peut-être
pas compensé les frais d'emprunt; — soit parce que beaucoup de
personnes, notamment parmi les classes laborieuses, feront
des acquisitions territoriales qui leur étaient interdites par les
conditions onéreuses des emprunts hypothécaires (1); — soit
parce que beaucoup d'individus, même des commerçants, propriétaires d'immeubles, trouveront commode de profiter du
crédit de la Caisse, pour leurs affaires courantes et même

(1) Dans les pays où le sol a été morcelé, nous avons personnellement
appliqué notre système de crédit foncier, au moins quant à la facilité de se
libérer par à-compte, si minimes qu'ils fussent et à la convenance des débiteurs, et nous avons pu en apprécier les heureux effets. Tel paysan, tel
ouvrier, qui ne fussent jamais devenus propriétaires sans cette facilité, ont
acquis un morceau de terrain où ils ont fait bâtir une maison, ce qui est
devenu, souvent, le commencement d'un domaine pour l'un, d'une maison de campagne pour l'autre, et toujours, pour tous les deux, une cause
d'ordre et de moralisation.

Reste maintenant à substituer au morcellement (conséquence de l'écroulement de la féodalité, dont chacun a voulu avoir un morceau), qui a fait son
temps et produit son effet providentiel, mais qui est en soi mauvais, car il
n'est que l'expression de l'*individualité et de l'égoïsme* appliqués à la propriété, la reconstitution *démocratique* de la grande propriété, au moyen
des associations agricoles, c'est-à-dire de la réunion LIBRE et VOLON-
TAIRE des terrains productifs, contigus mais divisés, en grandes exploitations, pouvant, dès lors, être mieux cultivées et à moins de frais, utiliser
des terrains maintenant occupés sans fruit par des séparations ou des chemins, et éviter pour les détails d'exploitation, notamment la vente journa-
lière des denrées, une perte de temps et d'argent qu'on peut, sans crainte
d'exagération, évaluer à 30 fr. au moins par famille et par an : d'où il suit
que chaque copropriétaire aurait alors, avec le même capital, un revenu net
supérieur à celui qu'il obtient à présent.

Dans ces associations, chaque propriétaire actuel, petit ou grand, appor-
terait son terrain pour la valeur amiablement fixée, et recevrait un titre
équivalent. — La propriété serait ainsi mobilisée. — Nous parlerons plus
longuement ailleurs de ces associations, qui doivent jouer un grand rôle
dans l'avenir national.

Le Gouvernement national pousserait à ces associations de toute son influence *morale*, mais sans rien faire pour y contraindre personne, chacun
devant rester librement maître de son bien, même à son préjudice.

On comprend, du reste, combien cela simplifierait les opérations de la
Caisse de la propriété foncière.

L'association des intérêts produit l'union des hommes, et l'union développe les bons sentiments dont le germe est en nous et fait disparaître ou cor-
rigé les mauvais instincts qui s'y trouvent mêlés. — Un gouvernement op-
posé à la nation et luttant sans cesse avec elle s'attache à diviser les hommes, afin qu'étant moins forts, il puisse mieux les dominer et les combat-
tre. — Diviser pour régner, corrompre et appauvrir pour affaiblir et dominer : telle est la devise et tels sont les moyens principaux de nos gouvernants.
— Mais un gouvernement national, qui n'est que l'administrateur des intérêts du peuple et ne doit, conséquemment, rien vouloir et rien faire contre
ces intérêts, cherche, au contraire, à unir les hommes, qui n'en sont que
plus forts et plus heureux.

commerciales. 6 milliards, à 3 p. 100, donneront annuellement au Trésor,   :180,000,000

2. Le chiffre annuel des opérations de la Caisse générale de l'agriculture, de l'industrie et du commerce, et de la Caisse générale d'assistance publique, ne saurait être évalué à moins de 100 milliards, surtout si on tient compte du développement immense que prendront les affaires de tous genres, au moyen des instruments de travail mis aux mains de tous, et dont le plus grand nombre est aujourd'hui privé (1). En évaluant à 5 p. 100, terme moyen, le produit des opérations de la Caisse, on obtient un revenu annuel de   5,000,000,000

3. Nous évaluons à 1 milliard le produit des services publics : postes, chemins de fer, canaux, recouvrements, assurances générales terrestres, assurances sur la vie, etc.,   1,000,000,000

Total : 6 milliards 180 millions, ci. . . .   6,180,000,000

Dépenses.

1. Intérêt des rentes inscrites. Il est actuellement de 455 millions à 5 p. 100 ; il serait, à 4 p. 100, de 364 millions, mettons.   400,000,000

2 Intérêt des rentes à créer pour remboursement des fonds des Caisses d'épargnes et rachats ou indemnités à accorder pour chemins de fer, canaux, assurances, etc., soit   400,000,000

3. Frais d'exploitation et dépenses dites administratives des ministères, comprenant la justice, l'instruction publique, etc. Ils sont actuellement de 494 millions. Les abus de tous genres réformés et quelques suppressions importantes donneraient bien une économie de moitié au moins ; mais le personnel sera plus nombreux, et, en tous cas, mieux rétribué : portons donc.   600,000,000

4. Guerre et marine. Les armées du pouvoir contre la nation coûtent maintenant à la nation, au profit du pouvoir, 486 millions. Notre armée nationale, qui sera dix fois plus nombreuse, ne coûtera pas.   100,000,000

5. Dans le budget du pouvoir actuel figurent 193 millions pour les travaux publics, plus ou moins nécessaires, et qui donnent lieu

(1) Le chiffre actuel des opérations de ventes de marchandises à crédit est d'environ 52 milliards. Les affaires de banque doivent donc être beaucoup plus considérables.

à des gaspillages sans nombre : portons, pour les travaux publics réellement nécessaires ou seulement utiles. . . . , ...	300,000,000
6. Portons pour les établissements d'asile	200,000,000
7. Et ajoutons, pour dépenses imprévues	200,000,000
Total : 2 milliards 200 millions, ci . . .	2,200,000,000

Balance.

Recettes.	6,180,000,000
Dépenses.	2,200,000,000
Excédant annuel : 3 milliards 980 millions, ci.	3,980,000,000

A cela nous pourrions ajouter les 6 à 700 millions environ d'impôts directs et quelques impôts indirects, momentanément conservés, par prudence, jusqu'à réalisation de nos ressources. Ne les portons que *pour ordre,* parce que nous n'y toucherons pas si nous n'en avons pas besoin, comme chacun peut le comprendre :   ORDRE.

Les chiffres ci-dessus peuvent être modifiés, et nous les donnons comme indication plutôt que comme affirmation ; mais tout homme versé dans les affaires, sans en excepter M. Thiers, ce génie financier, qui prétend que le système financier actuel est parfait, et qu'il n'y a rien, absolument rien à y changer, sera forcé de reconnaître que nos bases sont exactes, et que nos évaluations ne peuvent pas varier dans un sens défavorable aux proportions établies, c'est-à-dire que les revenus réels seront toujours supérieurs aux dépenses effectives, quelque complaisance qu'on puisse mettre à exagérer les dépenses et à diminuer les recettes.

Quoi qu'il en soit, la France, administrée avec capacité et honnêteté, par le gouvernement du peuple, dans l'intérêt du peuple, produira de quoi rétribuer avec largesse les serviteurs dévoués du peuple, faire de notables économies, se libérer bientôt de sa dette, diminuer ainsi ses dépenses annuelles, et accomplir encore des travaux, auxquels les générations futures pourront reconnaître que le gouvernement de la vérité, la puissance du peuple et le génie français ont passé par là, en allant à la conquête pacifique des destinées humaines.

Conclusion particulière de ce chapitre.

Les impôts étant supprimés, le propriétaire foncier, l'agriculteur, l'industriel, le commerçant, l'ouvrier, le fonctionnaire, etc., tout le monde, en un mot, aurait donc moins de charges, et un peu plus d'argent à dépenser pour son bien-être, son instruction et ses plaisirs.

Les instruments de travail, c'est-à-dire le crédit, permettant au propriétaire foncier, à l'agriculteur, à l'industriel, au commerçant, à l'ouvrier, etc., de gagner davantage, ils auraient donc plus d'argent à dépenser pour leur bien-être, leur instruction et leurs plaisirs.

Qu'aurait-on à payer, en compensation, de plus qu'à présent? Rien.

Le peuple français a donc un double avantage matériel, bien réel et bien évident, à adopter le système financier que nous lui proposons dans son intérêt comme dans le nôtre.

CHAPITRE IV.

LOIS. — JUSTICE.

Chacun sait, et beaucoup l'ont appris par expérience, que les lois, à force d'être retournées, tourmentées, interprétées, expliquées en tous sens, de manière à leur faire toujours produire, au profit du pouvoir et contre le peuple, le plus d'argent et le moins de liberté possible, sont aujourd'hui un véritable dédale, dans lequel personne, pas même les législateurs, ne peuvent se reconnaître. Les contradictions, les non-sens, les inconséquences et les absurdités y fourmillent. La loi n'est plus, dans les mains du pouvoir, qu'une arme à deux tranchants, que le peuple ne peut jamais toucher sans y laisser un peu de sang. Si vous en doutez, assistez à quelques audiences du premier tribunal de simple police venu, et cela vous suffira pour être passablement édifié, bien que vous n'ayez acquis qu'un faible échantillon de la science moderne qu'on appelle : L'interprétation des lois et de leur application vraiment généreuse et paternelle!

La nouvelle organisation sociale et politique que nous soumettons à nos concitoyens, reposant sur des bases vraies et justes, nécessite, d'ailleurs, la révision de lois remplies de dispositions fausses et injustes.

Quant à la justice, bien qu'une société plus heureuse, plus éclairée, plus morale et plus utilement occupée, soit infiniment plus tranquille, plus tolérante et moins processive, il faut cependant pourvoir à tout et organiser la justice, parce que l'humanité n'est pas parfaite, et que tous les hommes ne seront jamais, quoi qu'on fasse, également bons, justes et pacifiques; mais ce qu'on peut et ce qu'on doit faire, c'est de donner à la justice un caractère en harmonie avec cette société meilleure, en la ramenant, du reste, à la vérité de son origine et de son titre. Chercher la vérité et faire triompher la justice, tout est là. Tandis qu'aujourd'hui l'ordre judiciaire, dans tous les degrés de sa hiérarchie, du sommet à la base, est, comme la société elle-même dont il fait partie, et dont il a nécessairement subi, même à son insu, l'influence délétère, est gangrené jusqu'aux os, et réclame, d'urgence, une réforme complète, si on en veut sauver quelques membres essentiels.

Pour que la justice puisse être plus efficace, il faut qu'elle soit de facile abord et puisse intervenir dès que la difficulté naît et avant que les passions l'aient augmentée. Le premier degré doit donc être à la commune. Il faut que deux citoyens, aveuglés l'un ou l'autre, et peut être tous les deux, puissent, si on peut dire ainsi, se donner le bras et aller trouver la justice pour se mettre d'accord.

Le plus souvent un différend ainsi pris à sa naissance est aplani sans peine; s'il y a résistance, le second degré, placé au canton et nécessitant un déplacement, offre plus de difficultés et fait réfléchir les individus. Il doit aussi offrir un peu plus de garanties et de solennité.

Ainsi de suite pour les autres degrés, jusqu'au dernier, qui prononcerait souverainement.

On comprendra sans peine que nous ne donnions pas ici un projet d'organisation judiciaire : nous dépasserions de beaucoup le cadre de notre travail, et ce serait, pour le moment du moins, tout à fait inutile. Ce n'est pas là une chose fondamentale comme le système gouvernemental et financier. Le principe admis, on examinerait, comme pour toutes les choses secondaires, le meilleur moyen de réaliser l'idée, sans s'écarter du principe.

Nous dirons seulement qu'il ne nous semble pas juste qu'un individu puisse vous tracasser, vous faire perdre votre temps et vous faire dépenser votre argent, malgré vous et contre vous, sans être même obligé à vous indemniser, comme cela arrive le plus souvent, certains frais ne passant pas en taxe.

De même qu'il ne nous semble pas convenable de refuser à celui qui manque maintenant de ressources le moyen d'obtenir la justice qui lui est due.

C'est pourquoi toutes poursuites doivent avoir lieu sans frais, sauf indemnité de la part de celui qui n'était pas fondé à intenter ou à résister.

L'institution du jury est une justice populaire, qu'il convient d'étendre, autant que possible, à l'égard des affaires qui ne demandent pas une connaissance particulière des lois : on n'est jamais mieux jugé que par ses pairs.

Quant à la formule des jugements, elle se justifie d'elle-même. Le peuple est seul souverain. Ce n'est pas le commis délégué par lui à l'administration générale du pays qui rend la justice; c'est la justice instituée par le peuple : donc, la justice doit être rendue au nom du peuple, et non pas au nom du chef de son gouvernement. Sous un gouvernement faux, où le chef est censé être tout et le peuple rien, cela se comprend; mais sous un gouvernement vrai, où le peuple est le maître et le gouvernement le serviteur, ce serait une contradiction.

Pour épuiser le chapitre 4, il nous reste à parler de la faillite.

Comment et par qui cet ingénieux moyen de payer ses dettes a-t-il été imaginé? Nous l'ignorons à notre honte, car ça ne prouve pas en faveur de notre érudition, et, de plus, nous voulons l'ignorer pour ne pas nous exposer à avoir un ressentiment contre l'auteur. Mais le fait existe, et cela nous suffit pour l'apprécier.

Or, ce fait est immoral, souverainement immoral et détestable. Comment! vous me prêtez de l'argent ou vous me livrez des marchandises à crédit, ce qui est la même chose. Je ne vous consulte aucunement et ne vous dois aucun compte pour l'emploi de cet argent ou de ces marchandises. Je gère mal mes affaires; je suis même un libertin et m'amuse, alors que vous, mon créancier, vous vous privez de plaisirs. J'arrive à être au-dessous de mes affaires; je dépose mon bilan, et, pourvu que j'aie été assez adroit pour ne pas me compromettre *légalement*, c'est-à-dire quant à certaines formes, je donne, je suppose, 25 pour 100, et je ne vous dois plus rien! J'ai eu la précaution, ainsi qu'il est d'usage, de garder de quoi recommencer les affaires, comme on dit. Je fais fortune; vous, mon créancier, à qui j'ai fait perdre 75 fr. sur 100 fr., vous devenez pauvre. C'est égal, je ne vous dois rien; la loi me protége : j'ai fait faillite, je suis libéré.

Et cela est d'autant plus monstrueux que cette iniquité se complique d'une inégalité, en refusant ce moyen de libération à quiconque n'est pas commerçant; en sorte qu'un propriétaire accablé par les mauvaises récoltes et les impôts ne peut jamais rien posséder qu'il n'ait payé tout ce qu'il doit.

La faillite ne doit plus être un moyen de libération, et doit être supprimée. Il suffit au débiteur, vraiment honnête et gêné, de trouver auprès de la justice une protection éclairée et équitable contre des poursuites dictées par la haine et le désir de nuire plutôt que par intérêt.

Que si on objecte la célérité nécessaire des affaires commerciales, nous répondrons : D'abord, c'est une erreur de croire que la facilité qu'a chacun de se libérer par la faillite soit favorable au crédit, et, par suite, aux affaires; et, ensuite, autre temps, autres mœurs, autre système. Le gouvernement du peuple veut faire crédit à tous ceux qui en sont dignes, mais à la condition qu'ils en resteront dignes en payant ce qu'ils doivent.

Il se ferait assurément beaucoup moins de faillites, parce qu'on serait plus prudent, si on n'avait pas cet odieux moyen de libération et parfois de fortune.

CHAPITRE V.

FORCE ARMÉE.

C'est là une fibre du pouvoir fort délicate à toucher, sans qu'elle vibre de manière à lui donner la fièvre.

Nous dirons à cet égard comme de tout le reste : Comment le peuple français a-t-il été assez stupide pour se laisser ainsi faucher en coupe réglée, afin de fortifier le pouvoir contre lui-même, et, après avoir donné son argent, donner encore son sang? C'est à n'y pas croire!

L'armée française coûte au pays, chaque année, 500 millions. Capitalisez cela pendant une période de vingt ans seulement, et vous aurez environ 15 milliards! 15 milliards qu'on a pris à trente-cinq millions d'habitants dans l'espace de vingt ans! Supposez cette somme employée à assainir des marais, à défricher des terres incultes, à ensemencer des dunes, à reboiser des montagnes, à sillonner la France de chemins de fer et autres voies de communication, à favoriser le développement de notre agriculture, de notre industrie et de notre commerce, de nos sciences, de nos arts et de notre littérature, et, la main sur la conscience, vous, optimistes, repus et satisfaits, qui trouvez que tout est pour le mieux dans notre état social actuel, dites si ce n'est pas un crime d'avoir dépensé cet argent à entretenir des armées, au lieu de l'avoir utilisé à enrichir, à instruire et moraliser le peuple?

Cependant, disent hypocritement ceux qui demandent le maintien de l'armée, qui est, dans leur mains, un instrument de compression dont ils usent pour se maintenir au pouvoir, il faut imposer à l'étranger. Vaine raison, que les conscrits de 89 ont décidée sans appel.

Ensuite voici, entre autres, un moyen de nature à tranquilliser la nation à l'égard des étrangers, sans donner au pouvoir des armes contre le peuple, toujours assez sot pour prêter son bâton afin qu'on le rosse.

Tous les citoyens de 18 à 45 ans composent l'armée nationale.

L'armée nationale est partout organisée, équipée, habillée, instruite et armée.

Elle se divise en trois catégories principales : service de l'intérieur, service de l'extérieur, et corps spéciaux.

Font partie du service extérieur les hommes de 18 à 30 ans; les autres font partie du service intérieur.

La catégorie de l'extérieur ne se déplace que lorsqu'il y a nécessité, aux frais de la nation. Dans tout autre temps, elle fait seulement le double de service que la catégorie de l'intérieur, dont le service devient plus pénible lorsque la première catégorie est en campagne.

La catégorie de l'intérieur se subdivise lorsqu'il s'agit de se déplacer : les citoyens de 18 à 25 ans partent les premiers, et les autres ensuite.

Les corps spéciaux se forment au moyen d'engagements volontaires. Les membres en sont rétribués.

Ce cadre-là peut, du reste, être modifié et amélioré; mais il suffit pour faire comprendre quelles en seraient la puissance et les conséquences :

1º Le pouvoir n'aurait pas d'armée à sa disposition : ce seraient tous les citoyens armés qui feraient le service. Comment alors résisterait-il à la volonté nationale? On ne peut pas craindre qu'il la séduise, puisqu'il faudrait séduire tout le monde. — Et puis, pas de dépense en temps de paix, chacun restant chez lui et faisant son service où il se trouve.

2º Vis-à-vis de l'étranger, au premier son de trompette, la France pourrait mettre sur pied 5 à 6 millions d'hommes armés, équipés et exercés. — Et comme il faudrait que l'étranger entrât par quelque part, il trouverait sur son passage, non pas une fraction d'armée, mais toutes les populations préparées à le recevoir dignement. Il y regarderait à deux fois avant de franchir le seuil de la porte.

Finissons vite ce chapitre, — qui nous coûte le plus à faire, tant nous fait mal l'idée de la guerre, ce reste de l'état sauvage, ce meurtre organisé, — en exprimant une conviction profonde, c'est que l'humanité marche vers la paix, et que la France, si elle comprenait sa mission et son devoir, pourrait, en provoquant la reconstitution de l'Europe, y empécher à jamais la guerre.

CHAPITRE VI.

ÉDUCATION PUBLIQUE.

« La culture de l'esprit sans la culture du cœur ne peut pas aller ; l'instruction sans morale est plutôt un instrument de ruine qu'un instrument de bonheur. »
(*Débats*, 17 décembre 1844.)

« ... Les intérêts moraux temporels, ce qui constitue la morale proprement dite, et même les intérêts religieux, lorsqu'ils échappent à l'action de l'église, tous sont absolument aujourd'hui sans règle et sans direction aucunes. » (*Protestation* adressée au Ministre de l'instruction publique et au Conseil royal. 26 décembre 1842.)

Il existe un ministère de l'instruction publique, mais non pas de l'éducation publique. On s'occupe de l'esprit, mais non du cœur ; on fait des savants, mais non des hommes, et encore moins de citoyens (1).

Dans un plan d'éducation populaire, publié en 1839, nous disions : « Un des plus grands besoins de l'époque, c'est, sans contredit, l'éducation et l'instruction des masses, et surtout du peuple.

» Jusqu'ici le peuple, qui compose pourtant la classe la plus nombreuse, pareil à une secte maudite et réprouvée, est demeuré en dehors et comme déshérité des jouissances et des avantages de la vie publique et sociale ; il est réduit à la vie matérielle, qui ne suffit point à l'homme civilisé.

» Cependant le peuple est appelé, dans un avenir prochain, à participer à la vie sociale, à occuper la place qui lui appartient dans l'État et le gouvernement du pays.

» Mais, pour que le peuple exerce les *droits* qui lui appartiennent, et qu'il remplisse, en même temps, les *devoirs* que ces droits lui imposent et qui en sont inséparables, le tout d'une manière conforme à l'intérêt de la société, comme au sien propre, et digne de l'homme civilisé, il faut qu'il soit assez éclairé pour comprendre parfaitement les uns et les autres, car autrement il pourrait, par ignorance, ainsi que l'exemple du passé nous l'enseigne, abuser de ses droits et méconnaître ses devoirs.

» Il est donc indispensable et urgent d'initier le peuple à la vie sociale, et de le préparer à jouir dignement de ses bienfaits, au moyen d'une éducation prompte, suffisante et convenable. »

Et en adressant notre plan au ministre de l'instruction publique, le 8 juillet 1839, nous écrivions à ce ministre :

(1) L'humanité, c'est-à-dire le *monde terrestre*, se compose de trois grands intérêts :

Intérêts matériels, c'est-à-dire les biens ou richesses ;

Intérêts intellectuels, c'est-à-dire ce qui est plus particulièrement du ressort de l'intelligence : les lumières, la science, les connaissances humaines ;

Intérêts moraux, c'est-à-dire la manière d'être et de vivre en société, la morale et la religion.

Tout est renfermé dans ces trois grandes divisions.

Les intérêts intellectuels et les intérêts moraux sont du domaine de l'*éducation*, qui comprend : l'*instruction*, c'est-à-dire la science, les connaissances humaines, et l'*éducation* proprement dite, qui s'occupe des *droits* et des *devoirs* de l'homme, dans toutes les phases de sa vie : fils, frère, époux, père, homme, citoyen, ainsi que de ses devoirs envers Dieu.

Les intérêts *intellectuels* sont du ressort de l'enseignement, qui se résume dans l'Université.

Les intérêts *moraux*, au point de vue religieux, ce qui constitue, à proprement parler, les intérêts *spirituels* de la vie future, sont du domaine de la religion, représentée par l'Eglise, qui a la direction suprême et absolue de ces intérêts.

Les autres, c'est-à-dire les intérêts *moraux temporels*, ce qui constitue la morale proprement dite, et même les intérêts religieux, lorsqu'ils échappent à l'action de l'Eglise, TOUS SONT ABSOLUMENT AUJOURD'HUI SANS RÈGLE ET SANS DIRECTION AUCUNE. (*Protestation*, 1842.)

« Le peuple a véritablement des griefs à faire valoir, et, dans les moments de crise, tous les griefs se réunissant obtiennent une force souvent écrasante. Il n'est pas douteux *qu'indépendamment du bien-être matériel qui lui manque,* le peuple a été négligé, et beaucoup trop négligé sous le double rapport de l'éducation et de l'instruction.

» Or, vous le savez, Monsieur le ministre, mieux vaut ignorance que demi-science. Eh bien! le peuple n'est plus assez ignorant pour ne pas comprendre qu'on le délaisse, qu'on le frustre, et il n'est pas encore assez éclairé pour se maîtriser et pour comprendre que la violence est toujours un mauvais moyen, quoiqu'elle soit quelquefois nécessaire, et qu'avec elle on ne peut rien fonder de bon.

» Vous le voyez encore, aussi bien que moi, Monsieur le ministre, l'état présent est un état de crise. *Nous sommes à la veille d'une transformation, non point purement politique, comme en* 1830, *mais sociale, comme en* 89; et si cette transformation, *qui doit être violente de sa nature,* n'est pas prévenue et opérée doucement, elle peut amener de funestes résultats.

» Il me semble, Monsieur le ministre, que l'adoption prompte de la mesure que j'ai l'honneur de vous proposer pourrait exercer une grande et heureuse influence sur les masses, en même temps qu'elle serait un acte de justice envers le peuple (1). »

(1) Si le ministre m'avait écouté (mais les ministres, qui croient avoir la science infuse et trouver le don de prescience dans leurs portefeuilles, n'écoutent que ceux qui sont de leur avis et flattent leur vanité et leur orgueil); ainsi que les autres ministres et Louis-Philippe :

1° La révolution de 1848 n'aurait pas eu lieu, attendu que, les améliorations nécessaires et justes que nous proposions en faveur du Peuple étant réalisées, cette révolution aurait été sans cause. — A la vérité, cela n'aurait pas fait l'affaire de ceux qui en avaient besoin pour arriver au pouvoir ou à la fortune, et qui se servaient du Peuple comme d'un marchepied, ainsi que d'autres le font, à leur tour, maintenant.

2° Le suffrage universel n'aurait pas été faussé, comme il l'a été constamment depuis son établissement, et comme il le sera encore, par le pouvoir, qui donne l'exemple, et par les partis, jusqu'à ce qu'il soit établi sur des bases vraies et solides, jusqu'à ce qu'il soit éclairé, libre et sincère.

3° La société française ne se trouverait pas, en ce moment, sur le bord de l'abîme où la poussent et où la feront tomber, si la Providence n'y met obstacle, ces prédications infernales qui corrompent le Peuple, naturellement bon, reconnaissant et généreux, détruisent chez lui jusqu'aux actions les plus simples de la justice et de l'honnêteté, et le disposent aux actes les plus criminels. Exemple : à Saint-C.... existe un grand établissement. Les ouvriers, bien rétribués, y ont, enoutre, gratuitement, pour eux, leurs femmes et leurs enfants : médecin, médicaments, école, etc. Leurs économies sont librement confiées par eux, le plus souvent, à leur patron, *qui leur en paie l'intérêt.* Les ouvriers restent là de père en fils, pour ainsi dire, ce qui prouve qu'ils ne sont pas malheureux, et ils regardent le patron comme un bon et honnête homme. Eh bien! le poison a corrompu ces ouvriers, qui n'attendent que la nouvelle révolution pour être riches tout d'un coup.... Le patron leur demandait un jour : Confierez-vous votre argent à ces hommes qui se disent vos amis et se posent comme vos défenseurs, vos

Depuis lors, une révolution sanglante et une insurrection plus sanglante encore ont, malheureusement, justifié nos prédictions. La République a été proclamée, le suffrage universel établi, et les députés du privilége remplacés par des *représentants du* PEUPLE, — en nombre très suffisant, Dieu merci ! pour pouvoir faire quelque chose de bon. — Cependant rien n'est changé, sinon les hommes : les institutions, les abus, les vices et les lacunes des anciens gouvernements sont encore debout, attendant l'avenir. La société française est toujours sans direction *morale*, et le ministre de l'instruction publique reste uniquement chargé de faire apprendre aux enfants du peuple à lire le poison qu'on répand autour d'eux, que ce poison vienne des uns ou qu'il vienne des autres, que ce soit la rue de Poitiers ou l'officine de *la Voix du Peuple* qui le verse.

Il ne suffit pas de s'occuper des enfants, il faut aussi s'occuper des adultes.

Quant aux enfants. Comment voulez-vous que la plupart d'entre eux aillent à l'école, alors que leurs parents, pouvant à peine les nourrir, sont obligés de les utiliser à un travail quelconque, ne fût-ce qu'à garder un porc ou une vache ? L'instruction obligatoire n'est donc possible qu'au moyen du développement simultané de la richesse générale et du bien-être de chacun, résultat certain et à peu près immédiat de notre système.

La gratuité est une dette sociale : un peuple civilisé ne doit souffrir parmi ses membres que des infirmes intellectuels, mais point d'ignorants volontaires.

La publicité est la conséquence de la gratuité ; car on ne peut pas avoir une école pour chacun, et chacun doit être admis à l'école. Après cela, liberté entière pour l'enseignement privé qu'on veut particulièrement recevoir.

Les instituteurs sont des fonctionnaires de la nation préposés à l'instruction des enfants, comme les juges sont préposés

éducateurs et vos chefs ? Non, répondirent-ils. Vous avez donc plus de confiance en moi, puisque vous me le confiez ? Oui, parce que nous savons que vous êtes un honnête homme, vous.

Etes-vous malheureux ici, et avez-vous à vous plaindre de moi ? Non. Ne vous ai-je pas fait constamment du bien ? Si ; mais c'est que vous êtes si riche ! Et, puisque vous n'auriez pas assez de confiance en ces hommes qui vous poussent à la révolution, pour leur donner votre argent, pourquoi ajoutez-vous foi à leurs mensonges ? Ah ! ma foi, vous êtes riche, et nous ne le sommes pas.

Arrive donc le règne de la gratuité du crédit, c'est-à-dire l'abolition de la propriété et du capital, du loyer, du fermage et de l'intérêt, et vous verrez tous les locataires, fermiers et emprunteurs, tomber chez les propriétaires, capitalistes et banquiers, leur demandant la restitution de leurs louages, fermages et intérêts. Vous verrez les ouvriers aller chez les maîtres, — si bons, humains et consciencieux qu'ils aient été, — leur dire : Vous m'avez exploité, vous m'avez frustré ; indemnisez-moi, ou sinon je prends tout. — Ainsi de suite ; voilà la morale enseignée au peuple civilisé de France par les nouveaux docteurs du XIXe siècle !...

à l'administration de la justice, etc. Leurs fonctions sont d'une importance des plus grandes, et constituent un véritable sacerdoce. Les instituteurs doivent donc être, d'un côté, soumis à un examen et à une surveillance qui garantissent à la société leur capacité et le fidèle accomplissement de leur mission, et, d'un autre côté, entièrement indépendants et libres comme citoyens, et suffisamment rétribués.

Enfin, une direction suprême de l'instruction est d'autant plus indispensable que, sans cette direction, il ne peut pas y avoir d'unité, et que, sans unité, on s'éloigne du but final de l'humanité : unité universelle, fraternité humaine, vers lequel tous les efforts sociaux, *sincères* doivent tendre (1).

Quant aux adultes, l'établissement de bibliothèques populaires, publiques et gratuites, dans toutes les communes de France, complétées d'un journal hebdomadaire d'éducation publique, de chaires de morale et des assemblées publiques : tout cela nous semble nécessaire, mais suffisant pour répondre aux besoins intellectuels et moraux du peuple, surtout dans les campagnes.

L'affranchissement des journaux donnerait, d'ailleurs, à cette puissance moderne, toute la latitude nécessaire pour aider le gouvernement à accomplir sa mission sociale et civilisatrice, en l'éclairant au besoin.

A l'égard des sociétés secrètes, on ne se cache que pour mal faire. Les conspirations sont légitimes sous un gouvernement oppresseur, parce que le peuple n'a que ce moyen de s'entendre pour s'affranchir. Mais sous une administration nationale, où chacun est libre de dire son avis et de proposer tout ce qu'il croit utile à l'intérêt commun, voire même de provoquer la révocation, soit d'un conseiller local, soit du chef du gouvernement, ou de modifier le système gouvernemental, il n'y a plus aucune raison de conspirer ; les conspirateurs sont des traîtres, et les sociétés secrètes des repaires qu'on ne doit pas tolérer.

(1) Pour flatter les passions du peuple ignorant et crédule, la *Voix du Peuple*, à l'occasion du projet de loi sur les instituteurs, — mesure stupide de la part du Pouvoir, ne fût-ce que par son inopportunité, qui semble vouloir froisser le Peuple et provoquer quelque explosion, — publie en ce moment sur ce sujet des lettres signées UN PAYSAN. On y dit que le Peuple doit être libre de choisir qui bon lui semble pour instruire ses enfants, puisque c'est lui qui paie les instituteurs au moyen des impôts. C'est là un acte de mauvais citoyen. A ce compte, un ignorant patelin, qui saurait se faire bien venir des paysans, généralement peu éclairés, pourrait compromettre toute une génération dans sa commune. Si cela se faisait ainsi, d'ailleurs, la France serait bientôt un vrai chaos intellectuel : ici beaucoup d'instruction, et là infiniment peu ; dans une localité on enseignerait une chose dont on n'aurait même pas l'idée dans une autre ; ailleurs l'instituteur ferait surtout des mathématiciens, tandis qu'à côté on leur apprendrait uniquement à faire des vers ou des chansons. Mais qui veut la fin veut les moyens, et PROUDHON veut le chaos ; c'est là son idée fixe. La société démolie, il aura atteint son but. Il est des hommes incapables d'organiser, mais qui ont pour démolir une puissance surhumaine, et Proudhon mérite le premier rang.

CHAPITRE VII.

AMNISTIE.

Un peuple libre et souverain n'a rien à craindre de quelques individus, si haut placés qu'ils aient été; et un peuple civilisé doit être généreux et magnanime : il pardonne et ne se souvient du passé que comme enseignement et pour éviter de nouvelles fautes.

Louis-Philippe n'a plus de couronne sur la tête : ce n'est plus qu'un simple citoyen. Marie-Amélie a laissé parmi nous le souvenir de vertus privées qui ne sont pas assez communes, dans notre siècle, pour n'avoir aucun mérite. Leurs enfants ne nous ont fait aucun mal, et quelques uns, le prince de Joinville notamment, se sont toujours conduits en bons Français et en vrais citoyens. La veuve du duc d'Orléans se recommande par ses qualités et par le souvenir de son mari, qui était assez généralement estimé.

Quant au duc de Bordeaux, ce ne peut être qu'un citoyen fort inoffensif, sur la tête duquel nous ne supposons pas que le peuple civilisé de France aperçoive aujourd'hui la moindre auréole d'un droit divin, la plus légère trace d'une couronne à jamais brisée.

Les condamnés politiques étaient sans doute dans l'erreur, et l'erreur n'est pas un crime. Ils combattaient pour le peuple; et, quand le peuple est souverain et heureux, il n'a plus besoin qu'on se batte pour lui.

Ouvrons donc les portes de la France à tous les exilés, afin qu'ils puissent, eux aussi, jouir de la liberté et du bien-être que la France, gouvernée par le peuple, est assez forte et assez riche pour offrir à tous ses enfants (1).

CHAPITRE VIII.

DISPOSITION TRANSITOIRE.

On ne change pas, du jour au lendemain, toute une organisation sociale et politique, et les révolutions de 89 et de 1848 nous ont montré le danger et l'inconvénient de démolir tout d'un coup un édifice aussi compliqué : on ne fait plus ensuite que du provisoire; on construit et on démolit sans cesse, sans jamais rien faire de complet et de définitif.

---

(1) La famille de Napoléon était exilée; son exil a cessé : ce serait donc avoir deux poids et deux mesures que de maintenir les Bourbons en exil.

Les ministres de Charles X et de Louis-Philippe ont pu rentrer en France, il est donc équitable d'y laisser revenir les condamnés politiques.

Donc, afin d'éviter toute perturbation et d'accomplir, sans secousse et aussi sans précipitation, l'œuvre de rénovation que nous soumettons au peuple français, il faut maintenir et utiliser tout ce qui existe, fonctionne et produit ou consomme, jusqu'à ce que chaque chose, préparée avec soin, puisse être changée et mise en place.

Conclusion.

Nous le répétons avec une conviction profonde : le nouveau système d'organisation sociale et politique que nous soumettons au peuple français est le plus simple, le plus pratique, le plus facile à réaliser et le plus avantageux, en même temps qu'il est le seul rationnel, le seul vrai, et peut-être aussi le seul qui puisse convenir à la société nouvelle qui s'élève sur les ruines et les erreurs du passé, et qui soit capable de préserver l'ancienne Société, qui s'éteint, d'une commotion violente, d'un ébranlement profond, d'un anéantissement complet.

Si nous ne sommes pas dans l'erreur, ce système se réalisera aujourd'hui ou demain : le grain, une fois semé, germe et finit par éclore ; la vérité finit toujours par triompher. Les passions et l'intérêt pourront bien fouler le terrain, comprimer le germe et retarder l'éclosion ; ils pourront obscurcir la lumière et prolonger l'erreur. Mais un jour viendra, enfin, où le peuple français, suffisamment éclairé et mûr pour la liberté, rassasié de mensonge et de duperie, de souffrance et d'oppression, et las de n'être qu'un instrument aveugle et complaisant des partis et des passions, qu'un marchepied pour les hommes, le peuple français se dressera de toute sa hauteur, relèvera dignement la tête, écartera tranquillement, d'une main puissante, les plantes parasites qui l'entourent, congédiera les administrateurs infidèles de son domaine et entrera majestueusement, en maître absolu, dans le plein et entier exercice de sa souveraineté et de son droit.

Le peuple a fait trois révolutions sanglantes pour substituer à l'esclavage de l'homme la servitude de l'argent, pour obtenir le droit d'être libre, mais en mourant de faim. Il n'a pas besoin d'en faire une quatrième pour acquérir le bien-être, l'indépendance et la liberté : il lui suffit de vouloir, et vouloir c'est pouvoir.

Donc, pas de révolution : les révolutions ne profitent qu'à ceux qui les préparent, et qui vont prendre leurs places tant que le peuple se bat. La violence égare l'esprit et le cœur, elle conduit toujours au-delà du but, et on n'en sort jamais entièrement pur d'excès regrettables, si l'on n'est pas souillé de crime. Au sein d'une nation civilisée et au milieu d'un siècle de lumière, la force matérielle et brutale doit disparaître devant la puissance de la raison et de la justice. — Le suffrage universel et le droit de pétition, seuls lambeaux qui soient restés au peuple des révolutions qu'il a faites, lui suffisent, d'ailleurs, pour revendiquer légalement son droit et reprendre bientôt possession de la souveraineté dont on l'a illégitimement dépouillé.

Et, maintenant, qu'on veuille bien nous permettre une courte explication nous concernant. Un de nos amis, homme foncièrement honnête, bon, doux et humain, d'un esprit essentiellement libre et d'un caractère indépendant, qui a eu long-temps et beaucoup à souffrir sous les gouvernements monarchiques, dont il dépendait, et qu'un ministre du gouvernement républicain a cruellement sacrifié, au profit d'une créature ; cet homme, dont le cœur est encore excellent, mais dont l'esprit est exaspéré jusqu'à l'aveuglement, par suite de ses souffrances et surtout par les doctrines empoisonnées et irritantes d'un journal qui, par l'odeur de poudre et de sang qu'il répandait autour de lui, ainsi que par ses allures de circonstance et l'*apparence* de son dévoûment aux intérêts populaires, était bien capable, en effet, d'exalter les esprits maladifs, faibles, simples ou trop crédules ; cet ami, disons-nous, aveuglé jusqu'au fanatisme, nous accuse de n'être pas républicain, *parce que* nous n'avons pas prononcé le mot de république, et d'être monarchiste, *quoique* nous ne proposions la nomination ni d'un roi, ni d'un empereur, ni, en un mot, d'un monarque quelconque, mais simplement d'un mandataire ou commis du peuple, sous le titre logique de *chef du gouvernement national de France*.

D'autres pouvant se trouver dans le même cas que notre ami, nous devons leur répondre, comme nous lui avons répondu :

Nous ne sommes ni républicain, ni monarchiste, dans le sens vulgaire attaché à ces appellations. Les soi-disant républicains ont tellement avili cette qualification que nous n'osons pas nous en servir (1). Nous n'appartenons à aucun parti. Tous les partis sont également mauvais ; la passion et l'égoïsme, leur amour-propre et leur intérêt personnel, sont les seuls mobiles, non pas de leurs opinions, car la plupart n'en a pas, mais de leur conduite et de leurs intrigues. L'intérêt réel du pays leur importe peu, pourvu qu'ils triomphent et fassent leurs affaires. Pour nous, nous sommes, d'esprit et de fait, complétement indépendant et libre. Homme nouveau, apportant une idée nouvelle, nous n'avons qu'une politique : la politique du bon sens et de la droiture ; nous n'arborons qu'un drapeau : le drapeau de la raison, de la justice et de la liberté ; nous ne sommes que d'un parti : le parti des gens vraiment honnêtes et humains ; nous n'avons qu'un but : le triomphe des

(1) Un ancien membre du gouvernement provisoire, après avoir lu notre dernier travail : PLUS D'IMPOTS, ou *Nouveau système financier*, nous disait dernièrement : Vous êtes un vrai démocrate, mais vous n'êtes pas républicain. Ce travail contient quelques appréciations, un peu serrées et énergiques, des actes du gouvernement provisoire.

vrais principes, la conciliation équitable de tous les intérêts et le respect de tous les droits, la fusion de tous les partis, la généralisation du bien-être, des lumières et de la moralité, la plus grande somme possible de bonheur pour tous et pour chacun.

Peu nous importe, d'ailleurs, qu'on donne au gouvernement que nous proposons le titre de monarchique, qui ne lui conviendrait pas, ou celui de république, qui lui siérait beaucoup mieux, et le seul, peut-être, qui lui serait véritablement applicable. Peu nous importe encore que le peuple, suffisamment éclairé et libre, élise comme chef de son gouvernement le prince Louis-Napoléon Bonaparte, le prince de Joinville, le comte de Chambord ou Louis-Philippe lui-même, M. Thiers ou M. Barrot, M. Cavaignac ou M. Changarnier, M. de Lamartine ou M. Ledru-Rollin, M. Proudhon ou M. Louis-Blanc : nous n'avons de fétichisme pour aucun homme et pour aucune chose. Mais ce qui nous importe essentiellement, c'est qu'on sorte de l'ornière de l'erreur et du mensonge dans laquelle tous nos gouvernements bâtards se sont traînés, pour entrer dans la voie de la vérité et constituer un gouvernement vraiment national ; c'est qu'on mette à la tête de ce gouvernement un homme réellement capable et honnête.

A M. LE PRÉSIDENT DE LA RÉPUBLIQUE FRANÇAISE.

Monsieur le PRÉSIDENT,

J'ai l'honneur de vous faire remettre, avec la présente, un exemplaire d'un ouvrage que je viens de publier, intitulé : *Situation, Reconstitution de l'Europe et nouvelle organisation sociale et politique.*

Les 14 et 25 novembre dernier, j'ai eu l'honneur de vous adresser la première et la seconde parties de ce travail, comprenant un exposé de la situation intérieure et extérieure, quelques idées sur la reconstitution de l'Europe, et mon nouveau système d'organisation sociale et politique, formulé en projet de Charte.

Instruit par la voix publique que tout ce qui vous était adressé subissait le contrôle de la douane politique établie autour de vous, et que cette inquisition tutélaire ne laissait parvenir à votre connaissance que ce qu'elle jugeait à propos, je vous priai, par ma dernière lettre, de vouloir bien me faire accuser réception de mes envois, afin que je susse s'ils vous parvenaient ou ne vous parvenaient pas, et que, dans ce dernier cas, je ne prisse pas la peine inutile de continuer mes communications, que j'ai dû, effectivement, suspendre, n'ayant reçu de votre part aucun accusé de réception.

Je désire que l'envoi que j'ai l'honneur de vous faire, avec la présente, de mon travail complet, jouisse d'un sort meilleur et arrive jusqu'à vous; et pour que je sois sûrement fixé à cet égard, je serais charmé, Monsieur le Président, que vous voulussiez bien m'en faire simplement accuser réception.

En février 1839, je publiai également, sur la situation et les améliorations qu'elle exigeait impérieusement, un ouvrage intitulé : *Examen critique du siècle et plan d'améliorations sociales.* J'adressai cet ouvrage au Roi, comme chef de l'état (il m'en accusa immédiatement réception et me donna avis qu'il renvoyait ce travail au ministre de l'intérieur), en ajoutant à cet envoi quelques réflexions sur la nécessité, même pour le roi, s'il voulait conserver sa couronne, de prendre l'initiative des mesures que je proposais, lesquelles, en donnant légitime satisfaction aux besoins réels de la société, surtout à l'égard du Peuple, eussent assurément empêché la révolution de Février, ainsi rendue inutile, et consolidé la monarchie.

Car ce qui m'importait alors, comme aujourd'hui, c'était la réalisation d'améliorations qui, en procurant au peuple le bien-être et l'éducation qui lui manquaient alors, qui lui manquent encore, et, par suite, l'indépendance et la vraie liberté, l'eussent ainsi préparé aux réformes politiques, qui se seraient ultérieurement accomplies sans secousse, sans perturbation et par la seule marche du temps et des mœurs publiques.

Si j'en crois une personne honorable, qui fréquentait alors les Tuileries, et que je dois croire bien renseignée, d'après les détails particuliers qu'elle m'a donnés à ce sujet, mon travail aurait été l'objet d'un examen particulier à la cour, et pris en considération.

A partir de ce moment, les *Débats*, journal de la cour, et le *Journal général de la France*, attribué à M. Guizot, publièrent des articles dans ce sens, tout-à-fait conformes à mes idées.

Mais le pouvoir, aveuglé et trompé, comme tous les pouvoirs, enfoncé dans l'ornière, fatalement entraîné, et obéissant machinalement à une espèce de routine, d'autant plus honteuse pour des hommes d'intelligence, qu'elle était mauvaise et funeste à leurs propres intérêts, le pouvoir demandait en vain sa conservation, précaire et momentanée, à ces moyens surannés et impuissants de politique et de ruse, de discussions et de luttes, de corruption et de résistance exagérée, de persécution et de compression, au lieu de recourir, sans détour et sans hésitation, à la voie des réformes et des améliorations, la seule qui pût sûrement relever l'autorité, affermir le pouvoir et asseoir la société d'une manière durable.

Et il n'a fallu rien moins que l'habileté extrême de Louis-Philippe et de ses ministres pour retarder jusqu'en 1848 cette révolution sanglante dont je leur avais signalé la cause, la nature, les effets et l'inévitable accomplissement, en les conjurant, dans l'intérêt de mon pays, de prévenir cette épouvantable catastrophe, qui est malheureusement venue justifier pleinement mes prédictions et mes craintes.

La France, M. le Président, se trouve aujourd'hui dans une situation encore plus grave qu'en 1839, et d'autant plus difficile que les hommes capables manquent au pouvoir ou lui sont hostiles. Les besoins ont augmenté, les exigences se sont accrues et les difficultés multipliées. La corde, trop tendue, est prête à se rompre ; le vase, trop plein, commence à déborder ; la machine, trop comprimée, gronde et menace d'éclater ; le canon, bourré jusqu'à la gorge, n'attend qu'une étincelle pour vomir la mitraille. Louis-Philippe lui-même, pourtant si habile ! n'y resisterait pas long-temps. Et la catastrophe épouvantable qui se prépare, M. le Président, et que votre armée, fût-elle double et dévouée, serait impuissante à empêcher, est assurément de nature à alarmer tout honnête homme, tout bon citoyen, tout vrai Français.

M. le Président, ce que j'ai fait en 1839, vis-à-vis du Roi, je viens le faire de nouveau, en 1849, à votre égard, comme étant, lui alors, et vous maintenant chef du pouvoir. La main sur la conscience, je vous conjure, dans l'intérêt de mon pays, de réfléchir sérieusement à la situation alarmante dans laquelle il se trouve, et d'entrer promptement dans la seule voie de salut qui vous reste pour le sauver : la réalisation immédiate des améliorations et des réformes devenues indispensables et urgentes, non point par des demi-mesures insignifiantes, mais au moyen d'un système large et complet. Aux grands maux les grands remèdes. Veuillez ne pas oublier, M. le Président, que le moment est solennel et décisif.

Je le sais, M. le Président, les hommes parvenus au pouvoir, aveuglés par les flatteurs qui les entourent, croient toujours résumer en eux toutes les lumières, comme ils résument l'autorité, et sont, par suite de ce travers funeste, disposés à traiter les simples citoyens qui osent porter jusqu'à eux leurs modestes conseils comme les petits oiseaux traitaient l'hirondelle, — qui les eût pourtant sauvés, s'ils l'avaient écoutée, au lieu de la traiter de babillarde. — Je ne m'attends donc pas, de votre part, à un sort meilleur : — votre silence à l'égard de mes précédentes communications me le dit, d'ailleurs, assez. — Mais en faisant aujourd'hui, vis-à-vis de vous, comme chef actuel du pouvoir, une démarche pour ainsi dire solennelle, M. le Président, j'obéis à ma conscience d'homme, je remplis mon devoir de citoyen, j'use de mon droit de co-souverain de France. — Fais ce que dois, advienne que pourra.

Je suis, avec le plus profond respect,
Monsieur le Président,

Votre très humble serviteur,

DUMONT DE LA FONTAINE.

Imprimerie de GUIRAUDET et JOUAUST, rue Saint-Honoré, 315.